生命的咏叹

的咏叹

放歌温可铮

ARIA FOR LIFE

音乐家画卷

俞子正 著

上海音乐学院出版社
SHANGHAI CONSERVATORY OF MUSIC PRESS

他在天堂里放声
歌唱!

—追思温可铮

《签名》

　　天动地摇，霞光四射，苍穹里爆发出霹雳一声："我—来—了！"

　　老温来了！温可铮来了！！中国的夏里亚宾来了！！！

　　他在登上艺术巅峰时驾云而去，他在天堂里放声歌唱，他没有走，他也不会走，他和他的歌声，将永远铭刻在世界音乐名人堂的纪念碑上，铭刻在历史的履痕和人们的心坎里。他没有走！他没有走！！他—没—有—走……

　　一个78岁的老人，在舞台上站如松，声如钟，一口气唱了14首歌，竟然还保持着他那9岁获得"音乐天才儿童奖"时的童真，保持着莫斯科青年声乐比赛时的辉煌，而且越唱越美，越唱越好，真是一个打破了男低音世界吉尼斯纪录的响当当的温可铮！

　　一个78岁的老人，当他正在爬上艺术巅峰时，突然倒了下来！可是，他并没有倒，他只是昂首挺胸地站在那里，像一尊古铜色的雕塑那样，庄严地站在那里。他在用他那苍劲硬朗的笔触，划下了两个圆满的句号：艺术的句号与人生的句号！他在向世间证明：温可铮是个铮铮铁汉，而非爬行着的小人！

　　当年，温可铮有一句名言："我爬也要爬到莫斯科去！"

　　爬！对，就是这个"爬"字，表达了拙于言语而只擅长歌唱的温可铮，向往前去他的老师苏石林的世界"男低音之王"夏里亚宾的祖国，当年的"苏联老大哥"那儿去进修的志向和决心。

　　可是，同样也是这个"爬"字，到了"文革"时，竟然成为要想死心塌地爬到敌对的"苏修"的罪证，也成了"温可铮形象"和"温可铮符号"！温可铮，这位新中国第一个昂首高歌，登上国际声乐乐坛的杰出的中国青年男低音歌唱家，一下子变成了匍伏在地，向"狗洞"一步步"爬"过去的"修正主义走狗"，"可铮"变成了'可憎'……

你不是要"爬"吗？那好，北京来的女红卫兵，将音乐学院的"牛鬼蛇神"们集中起来，拉出腰中的皮带刷地一抽："低下头来！"然后冷笑着说："你们不都是"音乐家"吗？好啊，那就让你们一起来个大合唱吧！"接着，转头就指着老温说："温可铮，你不是著名的"男低音歌唱家"吗？那就让你来领唱，要唱得清楚，唱得响亮！现在开始，预备……起！"于是，大家低着头，声音参差不齐地唱那首从北京流传过来的《牛鬼蛇神歌》：《我是牛鬼蛇神，我有罪，我该死……》。当然，其中最响亮的还是那个想"爬出去"的"老牛"，不过，他的有意压着嗓子从低声区中挤出的"歌声"，倒也颇似爬行着的老牛的低吼…

这段往事好像挺为"黑色幽默"吧？可是，在现实中的"黑色"决非"幽默"，而是冰硬、血腥和兽性的代名词。特别是对于那个想"爬出去"的人……

文革一开始，老温就首当其冲，和我同进"牛棚"。但冲进他家去"横扫"的并不是一般的红卫兵，而是一个同行——一个同样唱男低音的声乐系学生和他带去的红卫兵。他们"有的放矢"，朝着他们锁定的两个目标进军——一是抢走他多年来潜心积累的声乐笔记，二是将塑料拖鞋、毛线帽子强行塞入他的嘴里，同时用鞋底猛抽他的喉部。这样，既可摧毁他的声带，也能夺走他苦学积累的珍贵的资料；这样，就可从根基上摧毁温可铮！

此时此地，又有谁能救他呢？能救他的只有一个人——他自已！为了保住他的命根子——那天赐的金不换的声带，他本能地挣脱了架住他的歹徒，猛地从三楼一古脑儿溜至二楼的平台，紧接着纵身一跃直抵一楼，然后夺门而走……

那时关在"牛棚"里的"牛鬼"，待遇也有区别。我属于"小牛鬼"，行动尚能自由；老温则是"老牛"，关在学校，不准外出。有一年过春节时，他想请假回家几天，红卫兵甲同意了，可红卫兵乙知道后大发雷霆，立即把他从家里揪到学校，紧急集合全体"牛鬼蛇神"，当众毒打。木棍打成几截，再随手捞起地下的水泥棒横扫而过，幸亏他顿时披地跃起，才又一次逃过了这一劫！

在那个"非常时期"，非即常，常即非，事事颠倒，事事非常，尊严的人一夜间成了非人的"牛鬼"，而真正的牛鬼却纷纷装扮成人，粉墨登场。所以，"文革"除了是一次空前的政治浩劫外，也可谓是一场人与兽的生死搏斗！人，这个大写的字在字典中被抹去了，人性，也在神州大地上泯灭了！

不，没有泯灭！即使在那样的年代，人民也是偷偷地保护着艺术和艺术家，因为这才是他们的精神所系与心灵之爱。当老温被红卫兵追逐殴打时，是经常听他在家练声的工人邻居们保护了他；当他随着学校的"革命师生"到钢铁厂去"改造"时，挥汗炼钢的炉前工人极需要歌声的鼓舞，而那些平时口号连篇、吼声震天的"革命师生"们，却竟然无一敢于上沸腾的炉台前演唱。可就在那时，被剥夺了演唱权利的温可铮却不顾一切，挺身上前，炉前放歌《咱们工人有力量》！他拿到的那张"批准书"，是工人弟兄们给的。他们不仅批准了他唱，鼓励了他唱，而且要求他一唱再唱！

他要唱，他也只会唱，他是一个为歌而生、为歌而死的不折不扣的歌迷、歌痴和歌狂！

"音乐是我生活的唯一意义，我所有的自尊自信都来自音乐，我活着就是为了唱歌！"

"假如我不干这一行，我不知道我是什么样的人？！"

"我要当半个和尚，让自己处于世外桃源才好。"他也差不离是半个"和尚"了，连在结婚登记的路上，他还在边走边背歌词呢！

"我连骨头都能唱呀！"温可铮仰天长叹道。

这，就是温可铮，就是那个视歌为命的温可铮呀！

"我要唱！我要唱！"

即使在那个非常时期，温可铮也会用"非常"的方法来练唱。别人红时，他却在背歌词；要他读报，他就用朗诵替代练声。他在"牛棚"的桌上，端放着《毛主席诗词》和《毛主席语录》，可压在它下面却是一堆乐谱；有人来时就高诵："不许放屁，试看天地反复"，可人一走，就低吟着《杨白劳》和舒伯特艺术歌曲。每天，他都要在校园里扫地，他一边扫地，一边则轻哼着他那首得意的保留曲目：《跳蚤之歌》。这首选自歌德《浮士德》歌词的歌，道出了他的心声："你们这些穿着龙袍的跳蚤，得意忘形，不可一世，可最终总会被愤怒的人们捏死！"想到这里，他禁不住爆发出爽朗和蔑视的大笑，然后在牙缝里轻轻迸出三个字："捏—死—它！"

在那些日子里，家里不能唱，他就在大热天里跑到表哥家去，拉起窗帘锁起门，光着膀子偷练唱。在一个大雨滂沱的傍晚，他还与妻子一起骑车到西郊的荒野里去，在一棵树下放声大唱，雨声陪伴着歌声，也掩没了歌声，歌雨和着泪雨，在污浊的黑暗中流出了一汪清泉；而依偎在旁、相依为命的妻子，虽是那么弱小，那么惴惴不安，却像是一支坚硬的铁柱，默默地支撑着他。就是她，在温可铮快支撑不住的时候，拉住了他，留住了他。他们当时的那段对话，可以收集在任何一本经典诗作与文集中：

"好，你想死，我陪你一起死，但是我得把话讲清楚。我记得你父亲说是你一年级的时候就写作文要成为伟大的歌唱家。是吗？"

"是的。"

"你是写了血书才得到父亲的同意考上了国立音乐学院，是吗？"

"是的。"

"你的理想实现了没有？"

"没有。"

"那你现在觉得唱够了吗？"

"没有！"

"那你教够了吗？"

"没有！"

"那你能甘心死吗？！"

……

妻子用歌声救活了歌痴，而他则用响亮的歌声，证明了他一生的艺术理想与辉煌成就。

他是新中国第一个在国内举办独唱音乐会的歌唱家，曾参加了1600余场演出，其中个人独唱近300场，保留曲目超过500多首。我们的老院长谭抒真曾如此称述他："温可铮演唱歌曲数量之大、范围之广、水平之高、演出场次之多，在国际上也是少有的，在国内不仅限于歌唱家，即使将器乐演奏家包括在内，无论谁也远不能和他相比。"

他用不着"爬"到莫斯科去，早在50年前，当他在参加国际青年歌唱家比赛获奖后，前苏联的音乐大师、人民演员鲍·格梅里亚就对他盛赞道："温可铮的歌唱是当时我听到的最具前途的男低音歌唱家之一。"今天，全世界都在倾听温可铮的声音。他是第一个在美国卡耐基音乐厅举行独唱音乐会的中国歌唱家，他还曾应邀在联合国总部和日本皇宫演唱，被日本报界誉为"夏里亚宾再现"，说他的演唱"显示了世界第一流歌唱家的威力。"见〔德岛新闻〕法国老一辈著名声乐家阿兰·万佐，在聆听他的歌声后赞叹道："上帝啊，怎么这位来自东方的歌唱家的嗓音如此年轻富有魅力，他的美妙的歌唱艺术，即使在意大利，在欧洲也是绝无仅有的了……"

1999年2月，权威的《纽约时报》如此评论他的演唱："来自中国的、年高七十的世界知名的男低音温可铮，竟以美妙神奇的嗓音力度，使人动容与震撼！"

"动容"与"震撼"就是对温可铮歌唱艺术的最高褒奖！

令人动容与震撼，是因为歌者自己的动心与动情！有一次他在美国演唱《老人河》后，许多人为之流泪、为之动容，事后记者问道："你们国家没有密西西比河，文化根基也不一样，为什么能打动我们呢？"温可铮答曰："我曾经受过的苦难，让我对你们国家当时黑人的悲惨完全了解。"

令人动容与震撼，还因为是他对声乐艺术的痴迷、和对祖国文化的热爱。他自幼就喜欢京剧、民歌和国画，还牢记少林功夫中所讲究的"曲不离口，拳不离手"，"夏练三伏，冬练三九，"坚持天天练声，保持声音的完美和声感的敏锐。苏石林、契尔金是他的老师，金少山、徐悲鸿也是他的老师，人民和祖国大地更是他老师的老师！他，就是在他们的哺育与滋养下攀登上艺术高峰的！

尤为可贵的是，温可铮不仅以他雄浑深沉的歌声，令人折服地步入了艺术大师的殿堂；更是用他像伏尔加船夫那样的艰辛、沉重、颠簸、呻吟，一步一个脚印的步履，向大地母亲交上了一份他作为一个诚实的人、正直的人和勇敢的人的出色的答卷。他得过很多奖，可是他还得了一个别的歌唱家都不曾得过的"特别奖"—2007年1月28日荣获的首届"中国诚信人生杰出人物奖"！而且，他是获奖的十大杰出人物中唯一的音乐家！这虽是温可铮在世时所获的最后一个奖，但从某种意义上说，是一个比歌唱奖更为重要的"人生奖"，是一张对他78载风雨人生赞颂和认可的"生命质量合格证"。它表彰了他老实做人，务实敬业，奋发进取的诚信精神，和对艺术的真诚崇敬与执着追求。

什么是"诚信"？诚信的同义词就是一个"真"字！

人间难得一点真啊！！

在假唱泛滥的今天，在那些"名歌手"们在伴声带的掩护下，公然欺骗听众，使其声音"永葆青春"的现实面前，78岁的温可铮，响当当地喊出了四个字：拒绝假唱！而且，他竟然连话筒也不用。

"我的演唱形式很简单，就是一架钢琴伴奏。另外我不使用话筒，定全靠自己的声音，我一直拒绝话筒。"

"麦克风传出的声音是被复制过的，我的演唱是'真迹'。谁都知道王羲之的字值钱，可是你把它拓印了几万张还卖高价，对得起观众吗？！"

78岁的温可铮就这样打破了19世纪初德国男低音大歌唱家路丁·威士创下的72岁用真声举行独唱音乐会的记录，更有力地揭穿了那些为假唱辨护的"假歌唱家"们的不光彩的手段。你看！站在舞台上的不就是那个78岁的老人，可却又是货真价实的铮铮铁汉：温一可一铮吗？！

温可铮是一棵乐坛的常青树，声乐王国中的得道者，更是一个堂堂正正的人！可是，他悄然走了，突然走了，不无遗憾地走了，头也没回一回地走了！他在还没有来得及在方始开幕的国家大剧院里举行八十大寿独唱音乐会，没有来得及完成他积累与酝酿了几十年的声乐论著前，就猝然离我们而去了！天哪，这个充满了污秽与欺诈的尘世间，竟然容不了这位歌坛好汉的拳拳报国之心和绵绵歌咏之情，听任他弃世远飞了！可是，他还是不告而别地飞了，无怨无悔地飞了，飞到了一个没有挤压、没有忌恨的净土，飞到了天国为他留的一席宝座。在那里，他可以恣情放歌，开怀欢笑！在那里，他不但举办了八十大寿独唱音乐会，饰演了他梦寐以求的歌剧《伊凡·苏萨宁》与《鲍里斯·戈多诺夫》；而且，还与师辈夏里亚宾、苏石林在一起，切磋技艺，举办了世界男低音学术论坛，琅琅宣读了他新写的论文。可有时，他还会在万籁俱静的深夜里，悄悄地拨开云雾，俯首远望，对着亲人、学生，轻轻地哼一句"啊，嘎哦丽泰"，问一声无声的好！可情不自禁间，他，温可铮这个从不掉泪的铮铮铁汉，突然洒下奔泻出一阵阵英雄的泪……

顿时间，泪飞顿作倾盆雨！泪雨、歌雨、咆哮之雨、欢腾之雨满天旋转，漫天飞舞！它湿润了大地，它温暖了人间，它突然，我想起了帕瓦罗帝、想起了这位才走不久的男高音歌王1981年时在纽约的一所大教堂里演唱《圣母颂》的情景。我曾无数次听过这首圣歌，可是我从来没有听过这样轻轻地、远远地、从教堂四周绕梁而至、袅袅传入耳中、注入心间的天籁之声！现在，这个声音突然又升了起来，我似乎听到温可铮也在唱这首歌；但不是轻轻地、远远地，而是高昂地、嘹亮地……

他走了，但是还在歌唱，歌唱，歌唱……

他在天堂里放声歌唱！

五十三个春秋
我们，在一起
••••••

王逑
2007年10月

可铮走后，在校领导和朋友们的大力帮助和支持下，第一本纪念他的书就要出版了。编辑部要我写个"前言"，说这是我"责无旁贷的任务"。其实，我知道这是大家的好意。作为可铮生活中的伴侣，歌声里的伴奏，我们几乎形影不离地在一起度过了半个多世纪。不管多么艰难困苦，多么曲折坎坷，也不管台上多少鲜花掌声，台下多少拼搏努力，我始终感觉我们俩是一个人，我们合在一起，就是温可铮的声乐事业，他中有我，我中有他，他离不开我，我更离不开他。

一九五〇年，我认识可铮时自己还是个学生，我们没有花前月下的浪漫，没有卿卿我我的缠绵，只有音乐是我们爱情的永恒见证。从我们结合的那天起，我就知道，我们俩生活的全部真谛就是为声乐事业献身。

此时此刻，我眼前又浮现出2004年1月3日，那是我终身难忘的一幕。那天，可铮和我应邀赴美国洛杉矶参加"经典名曲音乐会"，可铮的演唱，像每次音乐会一样博得全场观众经久不息的掌声。音乐会结束时，在观众热烈的掌声中，可铮和我就在舞台上被双双授予由加利福尼亚州五位郡市长亲笔签名的"高水平演出荣誉奖"。当时我和可铮都非常激动，回到后台，可铮紧紧地拥抱着我，他喃喃的在我耳边说"五十年！逑，五十年了！谢谢你！……"是啊，2004年1月1日，是我们结婚50年的金婚纪念日，我们无暇庆祝，今天可铮的拥抱，把什么都包含进去了。

我为可铮感到骄傲和自豪！温可铮以一名中国歌唱家的身份，曾在世界很多国家的舞台上演唱。在联合国总部大厦演奏厅、在纽约圣约翰大教堂、在林肯艺术中心、在卡内基音乐厅、在东京文化会馆、在新加坡、在台湾、在香港、在欧洲、在南美……他的歌声无论在哪里唱响，都会受到热烈的欢迎，赞誉的评论，也会如潮水般涌来，可铮得的奖太多了，简直数不过来。他能准确地用中、俄、意、英、法、德、西班牙等多国语言声情并茂地演唱歌剧咏叹调、艺术歌曲、各国民歌、宗教圣乐、黑人灵歌等。洋洋洒洒数百首，曲目了然于胸，随时都可以拿出几场曲目完全不同的音乐会。这在常人看来是奇迹，其实在这奇迹的背后，是我们俩几十年如一日，每天不少于十二小时的练声、教学、背谱、背词、合伴奏、排练、听录音、听唱片、抄乐谱的付出，这就是我们的生活。

可铮在任何国家任何音乐会上，为了弘扬民族文化，他总要在曲目中加入一组中国民歌和中国的创作歌曲，许多外国朋友和听众是从他的音乐会上开始接触中国音乐的，不少人听了可铮唱的中国歌曲后惊叹"中国有这么好听的歌！"对可铮来说，再难的歌他都能举重若轻的唱好。但有一首歌，他总想在台上唱，却总唱不成。因为每当他唱这首《我的祖国妈妈》时，他都难以控制自己的情绪，特别是唱到"儿女在海外飘流，长思念久别的老家……出走时满头青丝，归来时满头银发……我走遍海角天涯，忘不了祖国妈妈……我亲爱的祖国妈妈！"时他都会泪流满面，无法自持。

"传承世界文明，弘扬民族文化"这是上海2010年世博会的主题。回想可铮和我携手走过的五十三年历程。我们追求的和努力实践的也正是这十二个字。2007年1月28日，可铮人生得的最后一个大奖是"诚信人生"杰出人物奖。作为对他的人生评价，实在是恰如其分的，可铮绝对是当之无愧的。

　　感谢学校领导的大力支持！感谢我们的"好友兼难友"陈钢教授！感谢编辑部！感谢可铮的好学生俞子正教授！感谢所有为此书出版给与巨大帮助的朋友们！你们为可铮，为中国的声乐事业，做了一件有益的事！谢谢！

目录 CONTENTS

怀念

HUAI NIAN

2007年春天，恩师温可铮教授逝世了，就在他出生的故乡，在人们的泪水里，老师永远离开了他热爱的舞台和善良的人们……

没过几天，美伦美幻的国家大剧院在温老师家老宅基上拔地而起！

可惜，温老师没有能够看见这颗蓝莹莹的巨大"水滴"。

如果，如果大剧院早建成一年……

如果，如果老师晚走几年，哪怕是一年！哪怕是半年！

如果，如果他能够在他老宅基上的大剧院开他的最后一场音乐会……

可是，已没有如果了，只有深深的遗憾和长长的思念……

这是一个没能相遇的缘份，温老师为歌唱而降生在这里，国家大剧院也为歌唱而建在这里。

002

老人们常说，人去世以后灵魂还在飞翔，直到把所有的牵挂都了结为止；是啊，温老师一定会回到老宅的地方来，他的歌声来自这块风水宝地，即使他去了天堂，他的歌声还会回到这里，他的灵魂还会回到生养他的地方；黎明时，他会在白云里看着国家大剧院静静地微笑，星夜里，他低沉的歌声会悠悠飘荡在大剧院的每一个角落……

从前，这里叫东绒线胡同，皇城根下的一条老胡同，人民大会堂后面，与天安门城楼咫尺相望，整条胡同都是灰色的砖墙、红漆的大门。温老师家就在东绒线胡同里的于抚院6号，一座典型的两进四合院；1929年2月17日，大年初二，温老师来到了这个世界，然后他大声地歌唱，他唱着歌从这里走出去，唱了半个多世纪，唱遍了大半个地球，又唱着歌回到这里；他是为歌唱而活着的，他的生命因歌声而精彩、因歌声而动人。

七十九年过去了，这块土地上发生了天翻地覆的变化，这里是共和国的心脏，毛主席在天安门城楼宣布中华人民共和国成立的声音，温老师家能够听见；华国锋在人民大会堂逮捕四人帮，可能从他家门口经过；邓小平在广场上检阅三军，那山呼海啸般的口号声，温老师家也能够听见；天安门广场的彩带气球，会随风飘到温老师家的院子里。

旧绒线胡同

绒线胡同

　　如今，他离开了我们，绒线胡同的于抚院6号也消失了，斜阳里，任我们站在壮美的大剧院前去想像那遥远的京华烟云……

　　其实，温老师走得并不甘心，他有太多的遗憾。

　　他原来打算在八十岁的时候，还要开独唱音乐会，因为从来还没有人能在八十岁开音乐会的，眼看还有一年了，依他最近的状态，肯定没有任何问题，他甚至和我们谈起过唱些什么曲目！从1950年第一场音乐会起，他的目标就是不停地开音乐会，他要把他的歌声唱到全世界各个地方；可是，他又没有目标，因为他不知道要唱到什么时候……

国家大剧院

他已经计划今年开师生音乐会，从刚进音乐学院的学生到已经是教授的学生都参加，并且和我们每个人商量了曲目，可是，音乐会却开不成了。

他说今年夏天要去意大利，去看看斯卡拉歌剧院和凤凰歌剧院，去歌剧的出生地佛罗伦萨住几天，去看看罗马的松树、听听罗马的喷泉；我都已经让我在米兰的学生了解斯卡拉歌剧院会有什么演出，然而，他的心愿没能实现。

他说要抽空把几十年来的研究心得、讲学记录、听课笔记整理成书，把自己几十年的研究成果铸成文字让更多的同行分享，再为国家的声乐教育事业尽一点力。可是，壮志未酬身先死，他的笔还未拿起，自己却匆然倒下了……

温老师呕心沥血，辛辛苦苦教了一辈子，一直教到最后一刻，就像一个将军倒在战场上那样，他是累死的，他把心和血都掏出来了，掏给了他深深爱着的音乐学院、掏给了声乐艺术，掏给了一批又一批的学生，掏给了喜欢听他唱歌的人们。

老师啊，您没有遗憾，您和您的歌声永远留在了人们心里，留在生您养育您的这片土地上。您看看八宝山悼念堂里，看看长跪在您面前的白发苍苍的老学生，看看那一群像死了爹娘般大哭的孩子们，听听那些您一生的知己朋友颤抖着对您喃喃呓语；东风里，您低沉的歌声所吹起的白色纸花像美丽的蝴蝶一样漫天飞舞，老师，您不应该有遗憾！因为您在人们心里永生。

我一直想唱陆在易用艾青的诗写的那首《我爱这土地》给老师听听：

"假如我是一只鸟，
我也应该用嘶哑的喉咙歌唱。
这被暴风雨所打击的土地，
这里汹涌着我们悲愤的河流，
这无止息吹刮着的激怒的风啊，
和那来自林间温柔的黎明……；
然后，我死了，
连羽毛也腐烂在泥土里面，
为什么我的眼里常含泪水，
因为我对这土地，爱得深沉……"。
这首歌写得太好了！

这是写给您唱的歌，写给那些真正热爱这片土地的善良人的歌。

2002年，被邀在美国长岛艺术沙龙
举办个人独唱音乐会

温老师的歌唱完了，虽然他还想唱，尽管他还能唱得很出色，可是老天不让他唱了，这就是命吧。我们常常学贝多芬说"要扼住命运的喉咙，和命运抗争"，其实那是不可能的，在命运面前，人总是软弱的，没有人能够拗得过命！有价值的是当人活着的时候，要活得精彩，活得有意义，活得让人尊敬，让人佩服！

于抚院6号消失了，绒线胡同还残留了一段，胡同里走出来的人也随着落日驾鹤西去了，留下了英名和一首首歌，白云千载空悠悠……，从此，天堂里又多了些悠扬浑厚的歌声，留给我们的却是梦牵魂绕的怀念。

如梦依稀，想去年除夕，一杯酒，雄心壮，笑谈歌明天。却春霾恶雨，恩师去，从此离别两茫茫。

坎坷平生路，声声是辛苦。化清风，依旧林云响。浩气天地间，长歌曲无终。铸丰碑，留存风范千秋唱。

在上音礼堂

2000年6月
在美国纽约列弗拉克音乐厅(Lefrak Concert Hall)
举办温可铮教授师生音乐会
钢琴伴奏王述

我写这些悼念温老师的文章，寄托了温老师许多朋友和所有弟子的心愿，常言说"一日为师，终身为父"，安息吧，老师！每年花儿开的时候，我们都会去看望您，跟您说说我们的开心事和烦恼，去给您唱首歌；我们也会告诉子孙后代，你们父亲或母亲的老师是一位歌唱大师，是一个好人！我们也会把您的照片给他们看，把您的歌放给他们听，让他们看看温爷爷笑容里的沧桑和苦难，听听温爷爷歌声里的欢乐和灿烂，听听温爷爷歌声里像黄河长江一样宽阔的滔滔情感……

亲爱的老师，我们想您！

演出后接受献花

60年代演唱

生命，因歌声而精彩

SHENG MING YIN GE SHENG ER JING CAI ▪

那 是1986年10月下旬，当时我在东京艺术大学留学，我通过音乐事务所邀请温老师到日本巡回演出，这是一个很有实力的音乐事务所，经常邀请世界一流音乐家到日本演出，譬如我们熟悉的歌唱家莱纳塔·斯科托、杰西·诺曼、小提琴家阿隆·罗桑德、小号演奏家毛利斯·安德烈等等。可是，有一件事情让音乐事务所和我都有点担心，莫斯科音乐学院院长涅斯泰连科在温老师音乐会的前两天也在东京开音乐会，此人是世界著名的男低音，演唱的曲目也是俄罗斯浪漫曲，

就在涅斯泰连科的音乐会当天，我从成田机场接了温老师，直接驱车到东京繁华的新宿文化会馆。温老师从没有现场听过涅斯泰连科的演唱，而两天后，几乎还是这批听众，将出现在上野文化会馆的音乐厅里自己的音乐会上，老师也有点不安，但是他相信自己的实力。涅斯泰连科确实唱得很好，毕竟是演唱自己民族的作品，无论是声音还是风格，几乎无懈可击的美妙。温老师一言不发看着舞台上，静静地听涅斯泰连科演唱；事实上，真正的高手之间不存在高低之分，只有风格和对音乐的诠释的特点不同。老师专心地听每一个乐句，他在抓紧机会学习，汲取别的高手的优点。

两天后，在东京上野文化会馆经久不息的掌声中，温老师向扶桑的声乐家们展示了中国歌唱家的魅力和风采，尤其是和大提琴教授清水胜雄的合作，天衣无缝、水乳交融。最感动人的时刻出现在上半场结束的时候，老师用接近哼鸣的声音唱出的"波斯恋歌"余音和大提琴的余音一起在音乐厅里飘荡，让许多听众流下了眼泪，安静极了，余音消失后差不多有一分钟才爆发出潮水般的掌声。音乐会结束的时候，全场听众起立，长时间地鼓掌，人们分成两排，捧着几十束鲜花等待在化妆间门口，送温老师离开音乐厅。

东京艺术大学的声乐系主任须贺靖和教授说："很多年来没有听到过这样出色的男低音，当年我听过夏里亚平演唱，今天听到温教授演唱，更让人难忘"。

作曲家林辉跟着温老师的音乐会从横滨、东京到群马，每次都十分兴奋："温先生是中国的国宝，也是亚洲的宝"。

意大利教授嘎尔蒂尼却用力拍着我的肩膀连声赞道："非常出色，非常精彩"！

时任中国驻日本大使馆政治担当、如今是外交部副部长、朝鲜六方会谈中方代表团长的武大伟先生不但专门来听了温老师的音乐会，还把温老师接到大使馆住宿，他说当年上大学的时候就是温老师的崇拜者了。

1986年在东京文化会馆排练

　　音乐会后，日本各大报纸都给予温老师这场音乐会极高的评价，我印象最深的是中国驻日本大使馆《通讯评论》的评论，评论是这样写的："温先生此次在日本演出成功和反响之大，不亚于任何一位来日本访问演出的外国艺术家，这说明我国的声乐水平完全有能力在世界歌坛上排座次。今后，我们派出国的人选尽量要这样第一流水平的，能够在世界乐坛上站住脚的艺术家，只有这样，才有利于提高我国在世界音乐界的地位和影响。"

　　大使馆《通讯评论》继续一针见血地写道："如果我们能在二十年前把鼎盛时期的温先生抬出来，让他到世界各国去举行演唱会，去出头露面，恐怕当今世界十大歌王中就会有中国人的一席之地了。我们的音乐界一直标榜自己重视古典音乐，但实际上我们对古典音乐，尤其是有成名之望的个人，重视的程度远远不如对互相牵制，诋毁别人更为重视，弄得谁也不能出名，谁也不能冒尖，大家绝对平等"。

中国驻日本大使馆武大伟先生

1986年10月
应邀赴日本举办温可铮及弟子俞子正独唱音乐会

日本明仁天皇当时还是皇太子，他有一个非常热爱音乐的家庭，他自己会拉大提琴，而且对中国文化有很浓厚的兴趣，我曾经送给他一方很好的歙砚，而皇后弹得一手好钢琴和竖琴，每年他们家都要举行几次音乐会，邀请日本一流的音乐家去作客，和他们家一起演奏乐曲，一起欣赏音乐。由于我的导师是明仁天皇的大提琴教师，我又在日本的音乐比赛中得奖，电视也转播过我演出的歌剧，所以多次邀请我去演唱，我试着向东宫推荐了温老师，他们家欣然答应，十分欢迎。

温老师在东宫演唱了几首俄罗斯浪漫曲和"红彩妹妹"等几首中国歌曲，这是一次家庭音乐会，只有明仁天皇一家人和两位毕恭毕敬的日本著名音乐教授，气氛高雅而随和，温老师唱得很投入，皇后还仔细询问了中国歌曲的意思，说温老师唱得太好了，是世界一流的歌唱家。

演唱会后，大家共进午餐，我提出能否照相留念，一般情况下是不能照相的，但天皇一家却一口答应，并让温老师坐在中间，天皇和皇后分别坐在温老师两边。我呢，只能乖乖地站在后排。

这是一张难得的留影，中间是温老师，左边是日本明仁天皇，右边是皇后，后排左起依次为大提琴教授清水教授、如今的皇太子德仁、东京艺术大学声乐系主任须贺教授、钢琴伴奏昭田宏行、我、皇次子文仁、清水教授夫人，摄于1986年10月31日。

1962年，参加北京全国第一届独唱独奏调演，后被周恩来、陈毅总理点名去中南海国务院演唱并合影留念

　　温老师一生举行过无数次的音乐会，独唱音乐会对于温老师来说，已经是家常便饭的事情了，更何谈演唱几首歌的演出；几十年来，他唱遍了中国，把他优美动人的歌声唱到了北国、东邦、南洋、西方，所到之处无不给人留下深刻的印象。

　　当年老师年轻时，苏联声乐大师、人民演员鲍·格梅里亚赞誉说："温可铮是当时我听到的最具有才华的而且是世界上最有前途的男低音歌唱家之一"。

　　前苏联著名音乐家穆拉里杰说："温可铮的演唱在任何苏联人民演员面前绝不逊色"。

　　曾经是温老师的导师、保加利亚索菲亚音乐学院院长契尔金教授说："温可铮不止在演唱歌剧作品方面有杰出的才华，而且在演唱德国艺术歌曲、俄罗斯浪漫曲及喜剧方面也同样有特殊的表现"。

　　全国解放以来，温老师参加的各种重要演出不计其数，受到了周总理、陈毅副总理等党和国家领导人的多次接见，也无数次代表我国的音乐家为来访的各国元首演唱，无数次与来华访问的各国音乐家、歌唱家进行交流演出，都受到很高的评价。

　　然而，天有不测风云，正当他风华正茂，歌唱事业急剧上升的时候，文化大革命发生了，温老师的命运和国家的命运一样，跌进了一个看不见底的深渊。

　　中华民族遭遇了一场空前绝后的灾难，温老师和无数的艺术家一起，卷进了这场壮烈的悲剧之中。他不能唱歌，不能听歌，人们都失去了理智，失去了最起码的道德准则，失去了生活的勇气，失去了所有的一切……

文化大革命之后，温老师被压抑的情感和歌唱欲望像开了闸的江水，虽然文革期间不让他唱歌，甚至有人企图毁了他的喉咙，但是，他像保护生命一样保住了自己的喉咙，经过短暂的技术调整之后，以更成熟的风采，将他的歌唱艺术渐渐推向高潮。经历了无法想像的苦难之后，温老师对人生、对情感、对艺术有了更深刻的感悟，这些磨难，使他歌声里的内涵更加丰富，更加感人。

1978年10月，应黄友葵教授的邀请，温老师到南京艺术学院举行了独唱音乐会并进行了声乐讲座。对于我们这一代人来说，文革前还年幼，文革中根本没有独唱音乐会，从来没听说过一个人唱一场音乐会的；所以，温老师到南京开音乐会引起了极大的轰动。

温老师的这次南京之行对我来说十分重要，他使我的命运发生了变化。那时候我在南京师范学院读书，第一次远远地看见温老师在台上，第一次听温老师唱歌，第一次听他侃侃而谈。

在声乐讲座中，老师谈到语言习惯和歌唱发声的关系问题，他说苏州人说话太软，尤其是苏州男人，学习声乐会比较困难；我生长在江苏昆山，也算是苏州乡下人，听了温老师讲座之后，便萌生了一个想法。三年后，我去上海音乐学院向他求学，老师问我为什么要跟他学，我说为了三年前您说的一句话，老师拍着手说："太好了！我们来试试"。

与大提琴家蓝晓林排练

1978年10月在南京艺术学院音乐厅举办独唱音乐会，钢琴伴奏王述。
左四为南京金陵女子文理学院吴贻芳校长
右四为南京艺术学院声乐教授黄友葵

虽然温老师的音乐会开了很多，晚年，他常常提起的音乐会有两次，一次是在1992年11月10日，老师在联合国总部的哈马绍礼堂举行独唱音乐会，同时举办他的画展。那一天，联合国总部长长的走廊里挂着温老师的几十幅书画作品，一直挂到礼堂门口，出席音乐会的大部分是联合国的工作人员和闻讯专程来的音乐界人士，人们陶醉在温老师的歌声里，休息的时候，又能够欣赏温老师的书画作品，真是歌中有画、画中有歌，从两个方面展示了温老师的艺术修养。

音乐会演唱了他十岁就以此得奖的"爱情的喜悦"，演唱了舒伯特，演唱了俄罗斯浪漫曲，演唱了七首中国作品和三首他喜爱的黑人灵歌。许多听众是久闻其名久闻其声而第一次现场亲耳聆听温老师唱歌。

《侨报》刊登了一篇署名陶瑜的音乐评论："'魔王'是舒伯特自己最心爱的名曲之一，也是富于戏剧情节的叙事歌曲。温先生掌握此曲显示了惊人的表现能力，他的声音变化丰富，开阖自如，节奏控制与运气行声结合得自然无间，不留痕迹，这是声音经过长期严谨锻炼后赢得高度自由的状态，对歌者和听者双方皆完美的享受"。

在观众的一再要求下，温老师加唱了"醉鬼之歌"，他惟妙惟肖的表现征服了全场的听众："这首短短的莎士比亚名剧选曲，充满明快、洒脱、坦露的情趣，情感单纯而技巧绝不单纯，他最后模仿醉鬼的酒嗝，节奏与音阶逐级下降，用胸腔到丹田，声气相继，一气呵成，艺术技巧臻入化境。歌声停后赢得全场疯狂掌声。温先生的演唱会在哈马绍礼堂的观众心中留下了难忘的印象"。

"走出堂外，晴朗明净的秋阳，隔着玻璃大窗和煦射入，辉映在温教授展出的多幅水墨山水画页间。温先生的多才多艺，在这场歌画结合的展出中尽情发挥"。

温老师自己也说："那一次演唱的状态特别好，心情舒畅，印象很深"。

1992年11月
应邀在美国纽约联合国总部大厦哈马绍演奏厅(Daj Hamarskjold Hall)举办个人独唱会，钢琴伴奏王述。

2001年11月，在台湾台北市新舞台剧院举办《当代中国声乐大师温可铮教授独唱会》钢琴伴奏王述

在法国巴黎圣母院前

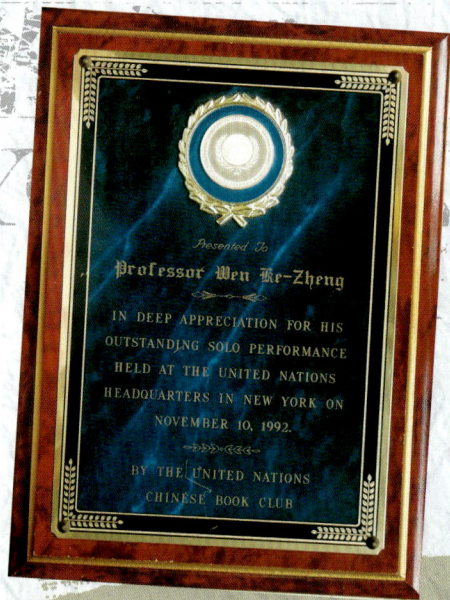

Presented To

Professor Wen Ke-Zheng

IN DEEP APPRECIATION FOR HIS
OUTSTANDING SOLO PERFORMANCE
HELD AT THE UNITED NATIONS
HEADQUARTERS IN NEW YORK ON
NOVEMBER 10, 1992.

BY THE UNITED NATIONS
CHINESE BOOK CLUB

1992年获联合国颁发的杰出表演艺术家奖

　　音乐会后，居然有好多喜欢中国书画的朋友要买温老师的字画，老师很开心地告诉他们自己是玩票的，朋友喜欢的话可以送朋友，但不卖的。后来，这些朋友鼓动温老师出版了一本他的书画集，里面收集了温老师的好多字画。

　　当时的中国驻美国大使、后来的外交部长李肇星先生听了温老师的音乐会说："太成功了，演出真正为中国人民、中华民族争得了荣誉"。

　　诺贝尔奖获得者杨振宁和诺贝尔奖提名者吴瑞两位著名的科学家欣然提笔："半世纪教学，桃李天下。一甲子演唱，誉满全球"。

　　联合国教科文组织为了表彰温老师的功绩，特地授予他"杰出表演艺术家"奖牌。

　　另一次是1993年4月3日，温老师在世界著名的卡内基音乐厅举行了独唱音乐会。卡内基是世界著名的音乐厅，能够在这里举行音乐会的往往都是国际一流的音乐家，这里是音乐家们心目中的"圣坛"。

　　人说好事多磨，温老师在卡内基音乐厅举行音乐会的前两天，他的痛风病发了，左脚踝和脚趾痛得碰也不能碰，红肿发烫，脚根本不能着地，晚上痛得无法入睡。实在没有办法，只好到医院打了封闭。

温老师在卡内基音乐厅的音乐会演唱了五组歌，将近两个小时，共二十首曲目，其中包括五首俄罗斯作品、四首美国作品、两首意大利作品、三首奥地利作品和六首中国作品。《世界日报》评论说："他宏浑的音量，优美的音质，再加上控制自如的音韵，震撼了整个音乐厅。赢得了如雷的掌声和喝彩声"。在全场听众的热情掌声中，温老师又加唱了两首中国作品，卡内基音乐厅里回响着中国歌曲抒情委婉的旋律，回荡着中国歌唱家完美的歌声。"即使散场之后，听众仍然依依不舍在音乐厅门外等候，等温可铮夫妇出来把他们簇拥包围，向他们致意"。

纽约时报写道："来自中国的七十高龄世界知名男低音温可铮，竟以美妙神奇的嗓音力度，使听众为之动容而震撼"。

痛过风的人都知道厉害，好多人站都难以站住，我问老师打封闭就不痛了吗？温老师说，这是卡内基音乐厅给他带来的信心，因为这座音乐厅在他的心目中很高，能够到这里举行音乐会是他盼望几十年的愿望了，脚痛不能阻止这个愿望的实现。

后来，温老师又多次在卡内基音乐厅和他的合唱团一起演唱，每次都给听众留下深刻的印象。

老师几十年艺术生涯中，无论是个人音乐会还是唱一两首歌曲的演出，老师从来都是认真对待，演出当天不随便讲话，上场之前总是在后台专心致志地把歌反复背唱，因为他希望每一次演唱都把自己最好的水平奉献给听众，奉献给他所热爱的声乐事业。

法国老一辈歌唱家阿兰万左感叹道："上帝啊，怎么这位来自东方的歌唱家的嗓音如此年青、富有魅力，即使在意大利、在欧洲也是绝无仅有的"。

温老师最得意的莫过于意大利声乐大师基诺·贝基的点评："我感到惊奇，演唱得无懈可击，他的哼鸣特别好，要向他学习"。

2002年独唱音乐会

018

2006年12月3日，在北京音乐厅，温老师和中国音乐学院女高音赵云红联袂开了一场俄罗斯经典作品音乐会；谁也没有想到，这竟然是温老师的绝唱。

那天我在上海，晚上十一点多了，接到张建一的电话，他刚听完温老师音乐会，在车里兴奋地告诉我老爷子唱得真棒，车里还有好几个同学，都在大声嚷嚷，听得出来他们实在很兴奋。

温老师在音乐会上演唱了十四首俄罗斯歌曲，老柴的"祝福森林"唱得大气磅礴，"伏尔加船夫曲"唱得深沉而有力，"波斯恋歌"唱得悠长空灵，"醉鬼"唱得惟妙惟肖，闭上眼睛根本听不出是一位七十八岁老人的声音，他的声音仍然很丰满，表现力仍然很强，头声运用得依然很自如，听众回报给温老师热烈的喝彩和掌声。

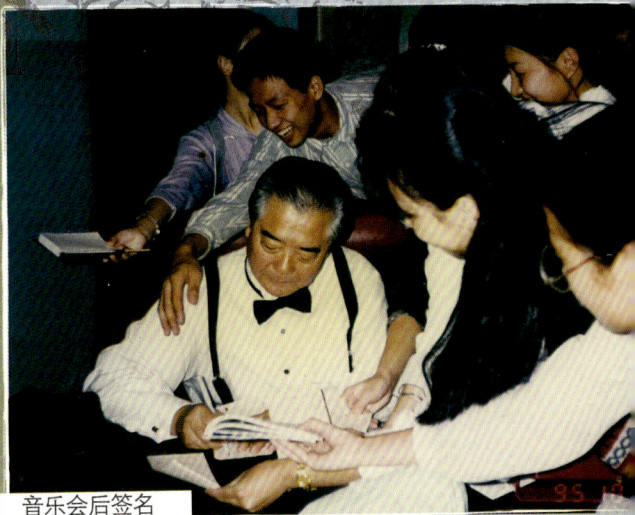

音乐会后签名

2006年中国"俄罗斯年"北京音乐厅举办俄罗斯经典专场音乐会
温可铮演唱14首歌

SHENG 生命如歌

MING

与中国音乐的声歌系老师
（左后起）宋一、赵云红、王世魁，下左起郭祥义、郭凌弼

70岁后

　　二十五年前，我们在上音读书时一起议论过温老师的音乐会，那次他唱了一场全部是歌剧咏叹调，十六首！还加唱了两首！我们兴奋了一夜，七八个同学挤在八琴房的小小的宿舍里，吃着食堂刚买来的馄饨，听朱国易的双卡录音机录下的音乐会实况；那年代一个双卡录音机是很奢侈的拥有了。当年就是这样，不管是哪位老师或同学的演唱会，我们都会去听，然后挤在一起谈论，甚至闹得不开心，而第二天醒来又像兄弟一样，四分之一个世纪过去了，这个场景突然浮现在眼前，一瞬间仿佛回到了从前，回到了那吃不饱、唱不累、玩不够的年代。其实，我们这些同学也在沧桑里改变了，有了事业，有了成就，有了名气，有了经历，也桃李一方了。但是，学生对老师的一片热情却无法改变，每当我们谈起当年的任何一位老师，都感到自豪和幸运，那是上海音乐学院大师云集的年代，是母校最辉煌的时期，能在那么多名师最年富力强的年代成为上音的学生，对我们来说，实在是一生的骄傲资本。

　　有一位同学好多年没看见温老师了，当这场音乐会在中央台播出之后，她打电话给我，在电话里哭了，她说"老师老了……"

　　歌声难老人易老，温老师满头白发了，他的歌唱已经炉火纯青，对音乐的理解和表现比从前更让人叹服，让所有人佩服的是他没有留下衰退的声音，在国内是绝无仅有的，在国外也是十分罕见的奇迹。

　　温老师的一生是辉煌的一生，是歌唱的一生，因为有了歌声，他的生命才会焕发出价值，因为有了歌声，他的生活才丰富多彩，因为有了歌声，他的一生如此精彩……

缘

YUAN

温老师一生中有许许多多好朋友，人相互之间心诚了，才能成为朋友，所谓"志同道合"，朋友是建立在情感上的，君子之情在义，小人之心在利，朋友是平等相爱的，相互尊敬、相互帮助、同甘共苦的；不是相互吹捧、相互利用、更不是居高临下的。

欧阳修说："大凡君子与君子，以同道为朋。小人与小人，以同利为朋。然小人无朋，惟君子则有之，其故何哉。小人所好者，利禄也，所贪者，货财也。当其同利之时，暂相党引以为朋者，伪也，及其见利而争先，或利尽而交疏，则反相贼害……，故小人无朋也。君子则不然，所守者道义，所行者忠信，所惜者名节。以之修身，则同道而相益。以之事国，则同心而共济，终始如一……"。

温老师一生的朋友中，有几位亦师、亦友的知音，在他的人生道路和歌唱艺术道路上起到极其重要的作用。

斯义桂

1945年，温老师冲破父亲的反对，留下血书，去报考南京国立音乐学院，因为他听说斯义桂先生在南京国立音乐学院教声乐，当年斯义桂先生到北京开音乐会时，温老师数天不吃早饭，省下的钱去听斯先生的音乐会，留下了深刻的印象，他是投奔斯义桂先生而去的；可是，当他如愿以优异的成绩考上音乐学院后，斯先生去美国了，没来音乐学院教书。正当他不知所措时，一个更大的惊喜出现了，斯先生的老师苏石林教授可以每周从上海来南京给他上课。

从此，温老师跟随苏石林教授学习声乐，一直到调入上海音乐学院当教师，仍然跟随苏师林教授学习，整整十年，得益一生。

然而，老师始终没能忘记当年想跟斯先生学习的愿望，这个没能实现的愿望一直挂在温老师的心头。烽火岁月，天各一方，温老师根本无法知道斯先生在哪里，在干什么，而漫长岁月没有能磨灭掉这个最早的愿望。

三十多年之后，1979年3月，中美建交，斯义桂作为美国政府代表团B组组长来到北京访问。同年7到12月，应文化部之邀，斯先生到上海音乐学院作为期一个学期的讲学。作为馈赠母校的礼物，他从美国带来了教材、乐谱、资料、唱片、录音带，乃至录音机、立体声唱机等18件行李。从酷暑到严冬，斯义桂先生全力以赴，指导学生学习声乐，举办一系列学术讲座。

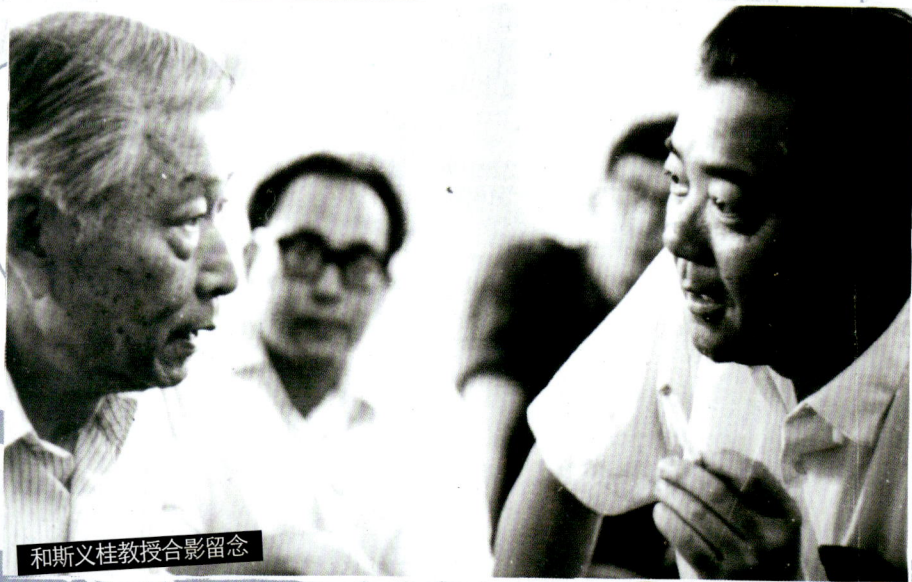

和斯义桂教授合影留念

1984年12月在美国康州
温可铮夫妇与斯义桂教授合影留念

洞中方一日，世上已千年！我们闭关自残了几十年，世界上发生了巨大的变化，这时候的斯先生已经是誉满天下，斯先生的到来，打开了中国声乐封闭了几十年的大门，中国声乐界才真正知道西方声乐这几十年来发生了什么。

一扇沉重的门终于被斯义桂先生推开了，他给中国声乐界带来的影响是巨大的，是中国声乐发展的一个重要里程碑。

斯先生来上海的时候，温老师正在外地，为电影《大渡河》录制主题歌，在体验生活。

当时，斯先生住在锦江饭店，偶然从饭店收音机里听到有人唱舒伯特的"魔王"。

斯先生问："何人所唱"？

答曰："上音温可铮"。

于是，斯先生记住了这个名字。

斯义桂先生到上音讲课，刚刚开放的中国声乐界哪里听过如此精彩的教学啊！每天都是济济一堂，场面十分热烈；斯先生注意到许多教师在场，唯独没有温可铮，心里存一丝疑问，他也想见见这位收音机里的人；他询问接待他的人怎么没见温可铮，可悲的回答竟然是："温可铮不买你的账"！斯先生沉默不语。

数天后，温老师录制完了电影插曲回到上海，第二天开始就坐在第一排，每天认真听讲，作笔记、提问题，并唱给斯先生听，请斯先生指点。那时候，温老师尽管靠着以前的实力仍然唱得很好，但由于文革长期不能练唱，声音上存在着一些问题，头声不够多，声音不稳定，他知道这些问题，一直在练，在思索，在探索，却一直没有得到很好的解决，此次斯先生送上门来，当然不能放弃这样的机会。

其实，温老师在学习上总是这样的，只要来了真才实学的专家，他都要唱给专家听，听取专家的意见，学习别人的长处，博采众长，为我所用。沈湘先生说过："他多年来努力钻研业务。除了从自己老师那里学到了东西外，他非常善于吸取各个行家们的长处，决不放过任何可以学习的机会。他随时向人请教，唱给人听，甚至对他自己学生的意见也很好地考虑"。

斯先生了解到温老师也是苏石林的弟子，毕竟是同门师兄弟，对他好学的精神也有好感，但那句"不买账"始终让他不很开心；有一天，斯先生把老师叫到锦江饭店他的住处：

"你老兄为何不买我的账"？

"……"温老师一头雾水，不知先生所云。

"我刚来时，你不听我课，后来是不是听说我教得不错才来听啊"？

老师这才明白大概是遭人暗算了，向斯先生说明了当时不在上海的情况，斯先生再次沉默不语。

温老师告诉他三十多年前，去南京找他学习的事情，后来又是同门师弟，并请教了斯先生好些问题。斯先生是见过大世面的人，师傅不在了，师兄弟之间的情份依然在啊，大师兄关心师弟也是应该的；斯先生在上海的期间，温老师认真求教，斯先生耐心地指导，建立了很深的友谊。

温老师生前谈到斯先生时说，印象最深刻的是斯先生给他指导勃拉姆斯的《四首严肃歌曲》，斯先生对声音的审美要求，教学的灵活性，对艺术歌曲的深刻理解和知识的渊博令人佩服，温老师唱舒伯特，唱《鲍里斯·戈登诺夫》给斯先生听，虚心学习，斯先生尽心指点，有些地方唱给温老师听。那时候，国内鲜有歌剧和艺术歌曲的乐谱，温老师曾经手抄许多本，斯先生把自己带来的歌谱复印给温老师，上面还有许多亲笔写的注解。老师感慨万分：

"从斯先生来以后，我的歌唱发生了根本的变化，真是得益匪浅"。

斯义桂的到来不仅打开了我国声乐通往世界的大门，也解开了温老师多年来的声音上的迷惑，更有意义的是圆了温老师三十多年前的一个梦，这个等待了三十多年的缘分，终于在歌声中圆了。温老师每次提到斯先生的时候，眼睛里的神色总是很激动。

1992年，温老师夫妇去美国，早年就在美国定居的歌唱家茅爱立打电话告诉斯先生，斯先生很开心，立刻邀请温老师夫妇去他在康州的家去。

那天，斯先生早早等在家门口，两人一见面，紧紧地拥抱在一起好几分钟，两双手不停地在对方背上拍。

1992年9月
应美国康奈尔大学之邀巴奈尔礼堂(Barner Hall)
举办个人独唱音乐会，钢琴伴奏王迷。

在美国纽约华人爱乐合唱团合影留念

1994年11，在卡纳基音乐大厅(Carnegie Hall)，
担任清唱剧《长恨歌》中的唐明皇——男低音独唱

刚坐一会儿，第一件事情，还是歌唱，斯先生拍拍温老师的肩膀："老兄，来，唱几个我听听"！

温老师来的目的之一就是要唱给斯先生听，要把他这几年的研究心得向亦师亦兄的斯先生汇报，他立即拿出随身带来的谱子，唱了两首舒伯特，唱了"谣言像一阵风"，唱了"父亲的哀伤"，唱了"魔鬼小夜曲"，唱了萨拉斯特罗的两首咏叹调。

斯先生听了很开心，说温老师有很大进步，声音变漂亮了，不晃了，又提出一些自己的感受，聊聊唱唱、唱唱聊聊，竟忘记了午饭，当发现肚子饿时，已经下午时分了。斯先生是宁波奉化人，烧得一手好菜，那天他亲手为温老师夫妇做了一桌丰盛的晚餐。

临走，两人久久拥抱，互道珍重，温老师夫妇走出门后，斯先生用一条白色的毛巾在窗前挥动，和温老师夫妇告别，车已经开出很远，斯先生还在窗前挥动白色的毛巾，一直到很远很远，窗子已经看不清了，隐隐约约那一个小小的白点还在动，温老师的头一直扭着，往斯先生家的方向看，直到看不见。

为了那些低沉的歌声，两个奋斗了一生的男人，不用话语，尽在不言中。

斯义桂先生后来搬家去旧金山了，1994年5月11日，斯先生走完了富有传奇色彩的人生道路，和温老师一样，也是79个春秋！斯先生去世的时候，温老师正在纽约，茅爱立打电话来告知这个消息，老师正准备吃饭，他放下筷子，低头不语，眼泪默默地流下；整整一个多星期，温老师几乎没有说话……

斯先生的遗孀李蕙芬女士，根据斯先生生前的愿望，在斯先生的故乡浙江奉化造了一座衣冠冢，斯义桂先生闯荡世界半个世纪终于落叶归根，魂返故里。

签名

沈湘

与尚家骧教授、郭淑珍教授、意大利声乐专家吉诺贝基、沈湘教授合影留念

沈湘教授是中国另一位声乐大师，是温老师一生的挚友、兄长。

当温老师还在北京读中学的时候，沈先生已经有名了，成为温老师崇拜的人物，沈先生来北京开独唱音乐会，老师想要去听音乐会，却买不起票。他就想了个办法，去帮沈先生贴广告，他骑着自行车，车把上挂着浆糊桶，一手夹着广告，西单、东单、王府井到处贴广告，这样就可以免票去听音乐会了，两位大师就这样认识了。

沈湘老师后来撰文回忆道："1945年我在京津开音乐会。有关音乐会的一切事务都要由自己去张罗，记得当时其中有一位叫温可铮的中学生非常热心，音乐会他场场必到，常常拿着一大卷音乐会的海报到处去张贴。这使我想起就在几年前斯义桂来京津开音乐会时的情景，我就是这样不分日夜地为他的音乐会到处奔波，也为他贴海报。年轻的温可铮非常活泼，很放得开，在人们面前没有丝毫腼腆的感觉。当时就给我一个感觉，这个年轻人是好样的，将来一定有出息"。

沈先生他们在天津演歌剧，缺少合唱队，就让温老师带了一批喜欢唱歌的哥儿们来唱合唱。沈夫人李晋玮教授最近还回忆起当年的情景：当时条件很艰苦，温可铮他们一帮学生就住在舞台后面，排练休息时，温可铮披着白床单，用皮鞋油抹在脸上，在大家面前演奥泰罗，演得惟妙惟肖，演完后脸上的皮鞋油怎么都洗不掉了，他的表演天份给沈湘和大家留下了深刻的印象。

那时候，国立音乐学院从重庆搬到南京了，一起演出的王福增他们要去报考，沈先生鼓励温老师也去报考，温老师听从了沈先生的建议，从此，走上了为之奋斗了一生的声乐道路。

他们不仅是知音，还是真正知心的朋友。温老师每次到北京，必定要见沈先生，几乎是一天隔一天就要见面，每次温老师在北京开音乐会，沈先生必定到场。不论在谁家见面，老大哥总是让师弟唱歌，然后仔细询问"最近有什么体会"，师弟就如实一一细说，两人就研究哪些是对的，哪些还有疑问。沈先生的文化功底和外语都很好，经常提些意见，温老师总是立刻接受，接着再唱再切磋。

然后，他们会互相炫耀最近收集到什么新唱片，收集到什么新谱子，温老师把在上海收集到的唱片带来北京让沈先生听，回去也常常顺便带走沈先生的唱片，他们两人无话不谈，毫无保留。

可惜，文革时，沈先生家的唱片全部被抄光了，温老师的唱片也损失了十有八九，后来，老师仍然热衷于收集唱片资料，但是许多珍贵的唱片再也没有了。

文革后，温老师第一次回北京就去急着去看望沈先生，因为在很长一段时间里，不能通音讯，他们彼此失去了联系。

1979年1月，温老师在中央音乐学院礼堂举行了独唱音乐会，沈先生去听了，音乐会之后，两人又秉烛长谈。

同年8月，温老师在首都剧场、政协礼堂连续开了四场音乐会，完全不同的曲目，共八十五首作品。沈先生十分惊奇：

"你在牛棚关着怎么能背这么多歌"？

"我把毛主席著作放在桌上，脑子里把以前唱过的能记的歌全部反复背，一天一首"。

"别人看见怎么办"？

"都解放了，没人了，就剩我一个……"

沈先生后来说："他是一个世界级的歌唱艺术家，有几首歌到现在我还没有听到过比他唱得更好的"。

沈先生去杭州养病，温老师常常去杭州看他，唱给他听。两人在西湖边上散步，谈声乐，谈方法，让温老师讲体会，共同分析研究；沈先生心脏不好，走一段，休息一下；在西湖边的夕阳里，他们的身影投在波光粼粼的湖水里，倾心相谈，湖边垂柳下的长椅，留下了他们永远的记忆。

后来沈先生病好些了，每次到上海，都住在温家；那时候房子很小，只有一间，两人一个睡小床，一个打地铺睡地板上，经常谈得忘记时间，累了就打呼噜，醒了还轻轻地交谈，睡在布帘子后面的王述老师至今记忆犹新。

他们有谈不完的歌唱，讲不完的话题；就像一个兄长，一个弟弟，老师对沈先生从来不隐瞒任何事情，哪怕是最不开心的窝囊事，像对兄长一样坦诚。

沈先生说："他是一个世界级的歌唱艺术家，他的才能是不言而喻的，但使他成功的更重要的因素是他对歌唱艺术的执着的热爱和刻苦的钻研"。

1992年，温老师要去美国康乃尔大学讲学和演出了，去北京去看望沈先生，正巧，沈先生也马上要去芬兰讲学了。

沈先生说："老温，等你我回来以后，开个音乐学院怎么样？"

"好啊！当然好啊！"

"那你说叫沈湘温可铮音乐学院呢？还是叫温可铮沈湘音乐学院？"

"当然叫沈湘温可铮音乐学院，你是大师哥，我最服的是你！"

"那好，一言为定，握手！"

两位一生致力于中国声乐事业的老人击掌为约。

可是，他们却失约了！

这个也许会对中国声乐事业作出极大贡献的愿望可惜没能实现。

1993年10月4日年，沈先生因心脏病突发在北京长逝，中国失去了一位真正的大师，消息从北京传到美国，温老师嚎啕大哭，王述老师说，当时她吓坏了，温老师从来没有这样哭过！

回国后，老师专程去北京去看望沈夫人李晋玮教授。这次温老师的追悼会上，沈夫人李晋玮紧紧握住王述老师的手，老泪纵横……

生命的咏叹

苏石林

当然，还有一位让老师一生中念念不忘的人，就是斯、沈、温共同的导师：苏联专家苏石林教授。

尚家骧先生在《欧洲声乐发展史》中是这样写的："意大利美声唱法之传入中国，有人认为是始于明代的意大利传教士利玛窦，尽管利玛窦是意大利人，并且在传入天主教的同时传入了圣咏，但是否传入了美声唱法则还有待于近代音乐史学者们作进一步的考证。不过有一点是可以肯定的，中国最早成立传授西洋音乐的上海音专中俄籍权威声乐教授苏石林对中国声乐界起了很大、很重要的作用。他可谓桃李遍天下，例如世界十大男低音之一的斯义桂，中央音乐学院的沈湘，上海音乐学院的高芝兰及温可铮教授等都出自苏石林门下。"

当年温先生是冲着斯义桂先生的名声，去报考南京国立音乐学院的，可是，当他考上后，斯先生没来上课，正当老师十分迷茫的时候，听说斯先生的老师苏石林老师来学校兼课，真是喜出望外。苏老师来到学校后，校方让所有学生唱一曲，由他挑选，结果他毫不犹豫挑了温老师；有心栽花无奈斯人不在，无心插柳却得到了一片大森林，这就是缘份，温老师一生的理想从此开始实现。

苏老师每星期从上海来南京上课，后来解放南京前夕，整个城市和学校乱得一团糟，根本就无法上课，苏老师也不来南京了。老师决定去上海找苏老师，当时很多人劝他太危险，别去了。老师执迷不悟坚决要去，约了一个女朋友在上海的同学一起冒险出发。火车开到半路，枪炮声大作，火车司机停下车不开了，逃命去了，人们都吓得躲在稻田里，温老师和那位同学藏在池塘水里，只露出一个头呼吸。

国民党军队逃跑了，解放军也追过去了，两人从池塘里爬出来，那位同学不干了，想办法回南京去了，温老师沿着铁路走了一天，饿着肚子走到无锡。

前面在打仗，不能再往前了，他想起有一朋友在无锡，便设法找到了这位朋友，好心的朋友接待了他，问他去上海干吗？温老师说去上课，朋友看了他半天说他疯了，这打得枪炮子弹乱飞的时候，居然还有人说去上课唱歌！老师在朋友家里住了一个月，实在没办法去上海了，只能回南京。

音乐学院毕业后，应吴贻芳校长的邀请，温老师在金陵女大任教，局势也逐渐平静了，温老师每星期五坐夜车去上海，跟随苏老师上课，星期六再赶回南京，每次到上海，首先是一早去银行排队换美元，因为当时苏老师上课收学费只收美元。那时候从南京到上海得坐七、八个小时火车，尽管路途辛苦，无论刮风下雨，老师从没间断过求学

和老师苏石林合影

1954年
温可铮夫妇结婚时和苏士林教授夫妇合影

1952年全国院系调整，温老师调到上海音乐学院，来到了苏老师的身边工作，上课的机会就更多了，一直学到苏老师被赫鲁晓夫叫回老家去。

苏老师十分喜欢温老师，也许他自己也是男低音，在许多地方更容易教学，但更重要的原因是温老师勤奋好学和对歌唱敏锐的感悟能力让苏老师高兴。上课的时候，苏老师常常会为温老师示范唱一段，十分精彩，在苏联，他是夏里亚宾的B角，经常和夏里亚宾轮流演出。当时，在上海有俄国人的俱乐部，苏老师还常常把温老师带去俱乐部，让他表演，唱完后，常常有俄罗斯老太太问王老师，可以不可以亲一下温啊，王老师当然说可以啊！

温老师和王老师结婚的宴会上，苏老师还为新婚夫妇唱了一首舒曼的"你好像一朵鲜花"。

1956年，赫鲁晓夫把在中国的苏联专家都撤走了，苏老师也要回莫斯科音乐学院任教了，他在美琪大剧院开了一场告别音乐会，温老师和其他师兄弟们用歌声向老师告别。

在中苏关系还可以通信的时候，温老师和苏老师常常通信，在信中向苏老师汇报学习的情况，向苏老师求教有些问题怎么办；苏老师也总是在信中给温老师许多教导。

1957年，温老师作为中国青年音乐家代表团成员，参加了莫斯科的国际青年歌唱家比赛，获得了银奖，遗憾的是，苏老师去彼得堡度假去了，温老师到了苏老师的家乡却没有见到恩师，他托人带来一封信，鼓励温老师唱好，争取好成绩，信封里还夹了一百卢布，当时是好多钱了，让温老师代替他从苏联给王述老师带件礼物回去。可是，老师只给夫人买了两张钢琴的唱片，却给自己买了好多声乐的唱片回来了。

苏老师去世后，他的夫人周慕西来过上海，温老师和苏老师的学生高芝兰、董爱琳等一起请师母吃饭，陪她故地重游。

在温老师的家里，有许多照片摆在书架上和钢琴上，苏老师的照片总是在最醒目的地方，尽管照片已经发黄了，温老师生前常常用手擦拭相片框，因为，对他来说，苏老师给了他扬帆起航的本领，他能有今天的辉煌，都是苏老师给他指引的方向。

温老师一生中还有两位让他非常尊敬的老师，一位是保加利亚的契尔金教授，一位是基诺·贝基，他同样从他们那里学到了很多知识，同样是温老师永生难忘的师长。

温老师还有许多同行好友，虽然他不善于用语言说出对大家的尊敬和热爱，但是，在他的心里，总是惦记着这些同甘共苦的患难之交。大家也都牵挂他，所以，当温老师在医院抢救时，这些朋友每天都在关心他的病情；在八宝山的灵堂里，在上音的追思会上，常常的挂念变成了长长的怀念，老师的音容笑貌留在朋友们的印象里太深太深了。

苦舟

KU ZHOU

那年春天，梧桐树的花絮飘得南京城一片迷茫，人的眼睛都无法睁开；宁海路广州路口，一座很旧的灰色楼前，温老师停下了脚步，久久地凝望着楼上的窗户。那是十分遥远的记忆：温老师以优异的成绩考入南京国立音乐学院，1950年毕业时，是吴贻芳校长在礼拜堂听到温老师唱歌，被他低沉丰满的歌声所打动，她了解了温老师的情况，聘他来金陵女子文理学院担任讲师。

就是在如今南京师范大学音乐学院的音乐楼里，温老师认识了王逑老师，他当时就住在路口的这幢小楼房里。半个世纪，对于人生来说是多么的漫长，而在老师的记忆里，当年所发生的一切似乎就在昨天。

站在旧居前，回想所走过的艰难历程，回想经历过的辛苦与喜悦，那一刻，老师的心头是澎湃的激动，还是静静的品味呢？我很难从他饱经风霜的眼光里察觉出是自豪感还是更多的惋惜与遗憾。

父亲

人生，也像是一部歌剧，有喜剧，也有悲剧，有正歌剧，也有装疯卖傻的滑稽戏；有的像莫扎特歌剧那样高贵、充满机智和灵感，有的像威尔第的歌剧那样充满激情和力量，有的像普契尼的歌剧那样抒情浪漫，也有的会像瓦格纳的歌剧那样繁琐沉重。每个人都在用自己的经历编写和导演着自己的歌剧，每个人都是自己这部歌剧的主角，同时又是社会大歌剧中的一个角色。温老师的这部歌剧大起大落，奉献给听众的是享受，而自己付出的却是辛苦。他的戏剧性不只是表面的，而是内心世界的深厚和丰富，这种力量蕴藏在心里，并通过他的歌声传递给所有听过他歌唱的人们。

勤奋好学，是老师一生的习惯，从小时候开始他就是这样的。

十岁那年，就以一曲"爱情的喜悦"得了歌唱的天才儿童奖。

1945年，温老师听说南京国立音乐学院招生，就要去报考，可是父亲强烈反对，父亲是个律师，他说你喜欢唱歌可以，但不能专门去学唱，在旧社会，国人传统的认识中，学唱是不上档次的行当，父亲说："你学医生，学律师，学老师都可以，就是不可以去学唱，开口唱是最没有出息的"。

和奶奶、妈妈合影

可是温老师一定要去学，把手指咬破了，写下血书："我当不了教授，就不回北京"！

传统观念很强的父亲看到儿子的血书，还是不同意。

父子的分歧无法解决问题，老师的姐姐在燕京大学读书，认识一位教师，据说算命很准，丁是，姐姐就让那位高手替弟弟算一下命，高手掐指一算说，你这个弟弟去南方定会有很好的发展，对他的一生事业都会有很大的好处；姐姐把这件事情告诉了父亲，父亲虽然是律师，却也有一点点迷信，将信将疑，只能同意儿子南下投考。

于是，温老师同王福增等几位考生一起从天津乘船南下。不料到南京后，考期过了，要再等半年才能够考试，无奈之下，他为当时音乐学院的一位教授干家务，换来能够免费在教授家一个低矮的阁楼里居住，没有收入，他努力省下家里寄来供他生活的钱去听课上课，听音乐会。

古林寺旁，就是现在的南京艺术学院，当时的国立音乐学院就在黄瓜园，温老师终于实现了他梦想的第一步。

南京古林寺旧址

小时候

生命的咏叹

SHENG-MING

71年全家照

　　读书的时候，家里寄来的钱不多，而当时社会动荡不安，往往只够生活，老师哪怕不吃早饭，千方百计省下钱来听音乐会，也要买唱片，在琴房练唱，让同学听，提意见。没有歌谱，那时候没有复印机，老师用钢笔抄了好几大本歌谱，练就一手好谱。

　　不管严冬酷暑，他每星期都必定去上海跟苏石林老师学习，风雨无阻；他清楚地知道一个道理："学海无涯苦作舟"。

　　温老师对声乐的痴迷甚至到了不可思议的地步，王老师说他们去登记结婚的路上，居然还边走边背歌，不跟王老师说话，陪同一起去的朋友邵敬贤实在看不过去了，说老温也太过分了。

　　而更离奇的是，婚礼的前一天，温老师的父亲下午从北京来了，温老师还在家里唱歌，王老师也弹得忘乎所以，父亲问儿子明天结婚的准备工作如何了？他这才想起还没去银行取钱，明天宴会得付钱啊！于是，赶紧往银行跑，老父亲和王老师跟在后面跑，马路上好不热闹，好像一个人在前面逃，两个人在后面追，不知情的人还以为发生什么意外，好些人驻足回首。银行里面的工作已经停了，正在关大门，三人气喘嘘嘘地赶到了，说明了情况后银行赶紧为他们办理，并祝福他们新婚快乐。

　　这种好学的精神一直在老师的人生道路上延续着，文革之后，斯义桂先生来沪讲学，温老师已经是知名度很高的歌唱家了，只要能学到东西，他不顾"面子"，当着全国各地来的同行们，向斯先生求教，即使斯先生毫不客气地指出一些问题，他也坦然接受，马上改正。

温老师当年工作的金女大宿舍

南东瓜市
NANDONGGUASHI

美国朱丽亚音乐学院的费罗教授来上海讲学，老师从第一天到最后一天一节课也没拉下，全部听，听专家讲课后晚上在家整理听课笔记，我还保留着二十五年前费罗教授给我上课时温老师作的笔记，连每条练声曲的每一个要求都不放过。

女高音西尔斯来讲学，他放弃了到外地演出的机会，认真听课。

意大利声乐大师基诺·贝基来华，温老师更是多次上台，在全国同行面前虚心求教，还跟着贝基来回于北京上海。

每一位国外歌唱家来华演唱或交流，他场场必到，专心致志；每一位中国歌唱家到上海开音乐会，他也会到场聆听。

不仅是声乐的音乐会，钢琴、小提琴的音乐会、芭蕾、话剧，只要他知道，他就会去欣赏，从不同的艺术品种里汲取营养。

他自己觉得听别人演唱、看别人演出，对自己是一种受益。

到了国外访问他更是有音乐会必听，有演出必看。

他还有一个习惯，每次开过音乐会之后都要总结，他从来没说过自己怎么棒，就是实在连自己也感觉十分得意的时候，也表现出传统的低调，听着别人夸他，他往往只是美美地一笑而已。

原上海音乐学院副院长谭抒真说："我认为温可铮是世界一流的声乐大师，是中国人的骄傲。我敬佩他在声乐艺术上的杰出成就，敬佩他坚忍不拔忠于艺术的意志，更敬佩他光明磊落的为人"。

1984年，在美国纽约
温可铮夫妇与茅爱丽
及朱丽亚音乐学院布朗、费罗教授、德国男低音合影留念。

与前上海音乐学院副院长
小提琴家谭抒真教授合影留念

正是由于他倾一生的精力研究歌唱，温老师的歌唱技术才臻于一流，气息的流动性，随心所欲的强弱变化，稳定的喉咙空间状态，非凡的音色调节能为，都烂熟于心中，自如地变化在歌声里，尤其可贵的是男低音能有如此丰满的头声，实在很少听到。

有人说温老师唱歌很"自然"，其实，那不是简单的"自然"就能够解释的，那是高度技巧的"自如"；从表面看，"自然"和"自如"似乎很接近，实际上是完全不同的内涵，"自然"是一种表面现象，总体上让人觉得舒服，觉得享受，而在歌唱里，只有经过严格的训练，掌握许多对一般人来说也许是不自然的、但是能够使声音好听的歌唱技术，在歌唱需要的时候恰到好处地自如地运用这些非浅层面自然的技术的不自然，才能够给人圆润华美自如的歌声。

说明白一些吧，什么是"自然"？天生的就是"自然"，从道理上说，经过后天训练的就不是自然的了，因为训练的目的就是为了改造原来的"自然"；"自如"则是经过训练的、熟练掌握的什么能力都具备的技巧，而且要表现得似乎什么都来得很"自然"，浑然天成。

这种貌似"自然"的"自如"包含了许多内容，不仅仅是声音的问题，还包括了对作品的理解、艺术修养、人的气质、品位和品质，所以我们常常说"运用自如"，其实那是件非常难的事情，是非常高的境界。

常常有人说："温老师的'跳蚤之歌'唱得太好了"，当然，他的"跳蚤"确实好，但似乎总是把老师和"跳蚤"联系在一起，这和老师风趣的表演能够让群众理解欣赏有关。然而，温老师唱得好的歌太多了：

老师能唱出凝重的声音和音乐线条，他演唱的《唐·卡洛》里的国王的那段"龙床"，每个乐句都十分讲究，声音圆润而不飘，内力深厚而不滞，气度很大。

他能唱出柔和抒情的小夜曲，圆润而文雅。

70年代演唱

50年代初演唱

他演唱的"致音乐"音色让人感到温暖，乐句显得高雅而斯文。

《冬之旅》从"晚安"开始，他就能唱出一种宁静的音色和略带悲伤的音乐，声音比较单薄，不像唱歌剧那样浓厚，他对各种音乐风格常常能把握得十分贴切。

"周总理，你在哪里"的假声使用，由于他的气息功底，余音唱得很长很飘。

"杨白劳"中间那段半声，声音揉在气息里，柔和而伤感。

"红彩妹妹"最后一段的哼鸣，每每让人回味无穷。

悠长的"波斯恋歌"，风趣的"酒鬼之歌"，庄严的萨拉斯特罗，戏剧性的"谣言"等等，老师对每一首歌都十分认真，都尽可能地去演绎好作品的内容和风格。温老师的声音常常变化，他是根据不同的作品，不同的时代，不同的艺术形式，不同的风格，用不同的声音去表现，而不是千篇一律地用蛮力大嗓门去拼。

我爱听老师演唱的俄罗斯浪漫曲，忧郁的伤感、委屈和欣慰，都会随着他的歌声和呼吸渗透到你心里。他的歌声像一杯美酒，醇厚的陈酒，会醉人很深；歌唱本来就应该是这样，从一个人的心里流出，流到许多人的心里，这是歌唱的本意，也是歌唱的最高境界。我不喜欢听有人像牲口似的大喊几个撕心裂肺的高音，也不喜欢听俗里俗气的滑音，更受不了那些造作的身段和勾魂的眼神，人要大气，歌要大气。心里头文化和艺术多了，人世间的功利和浮躁就要少，心里头名利私心多了，音乐就难听了。所以我们现在很难像温老师、像沈湘先生那样杰出，因为我们不如他们那样勤奋、心宽、无私，我们心里凡尘俗事太多，当然就达不到他们的境界。

1990年6月
庆祝温可铮教授演唱50年
教学40年的音乐会
在上海音乐厅

在墨西哥

演唱杨白劳

　　温老师是一个值得骄傲的人，他有资格骄傲，一个人、特别是一个男人、一个艺术家，如果连骄傲的资本也没有，那还有什么可以出人头地呢？

　　但是，温老师不是一个自满的人。他常说："骄傲可以，自满不行"，因而他又是一个好学的人，一个孜孜不倦迷恋声乐艺术的"歌痴"。

冬天到了，
春天还会遥远吗？

DONG TIAN DAO LE
CHUN TIAN HAI HUI YAO YUAN MA

好多年以前的一个冬天，我和温老师从学校出来，沿复兴路往西走，刚走过游泳池门口，他突然停下了，我顺着他的眼神望去，那是衡山路复兴路口的那个岗亭，里面没有警察，铲起的雪堆埋住了半边……

我听说过这是一个难忘的经历：那是在文化大革命期间，他和好多老师被关在与复兴路一墙之隔的八琴房，红卫兵在他们身上挂牌子，涂墨水，拿碗口粗的杠棒打！还逼着老师们抬钢琴，从南大楼搬上北大楼，再从北大楼搬上南大楼，衣服被汗水湿透了，又被西北风吹干了，冷得直打哆嗦。

那一年的冬天，下了很大的大雪，看守牛棚人偷偷告诉他，今晚北京来的造反派红卫兵要批斗他，并说要掐碎他的喉咙；求生的本能和保护嗓子的欲望使他勇气突发，据说他穿着单薄的衣服从八琴房翻墙而出，赤脚沿着冰雪的复兴路向西逃跑。红卫兵在后面追赶，他跌跌爬爬跑到这个路口，岗亭的公安员喜欢听他唱歌，拿如今的话说就是温老师的歌迷，歌迷一把将他拉进岗亭，对红卫兵说：这个人被我逮捕了，不用你们管，从而保住了温老师至少半条命和一个喉咙。

　　这个故事我是听传达室的师傅讲的，故事的真实性有多少，经过了多少艺术加工也不得而知，我不能问老师，我想如果这个故事有一半是真实的话，那么，那座普通的岗亭对于他的人生来说，就是诺亚方舟。

　　温老师爱唱歌，只要有机会唱歌，他一定唱，即使在心情很不舒畅的时候，只要唱歌，他似乎就能够忘记不开心的事情。他去上钢五厂接受改造，工人中有爱听唱歌的认出了温可铮，就告诉大家来了歌唱家，于是工人们就在休息时间欢迎温老师唱歌；工宣队不同意，说这个人是牛鬼蛇神，不允许唱歌，可是当时工人阶级是最厉害的啦，谁都得听工人阶级的领导啊！所以，他们只能答应工人师傅的要求，温老师唱了"咱们工人有力量"等几首革命歌曲，工人们热烈鼓掌，要求再唱，温老师也越唱越起劲。到吃饭时间了，按平时的顺序是工人师傅先吃，然后是工宣队，最后是牛鬼蛇神，每次轮到最后，饭菜都是凉的；可是今天，工人师傅们围着温老师，一定要温老师先吃，工宣队不干了，牛鬼蛇神怎么能吃到他们前面去了呢，工人师傅们问工宣队，我们请你们为工人阶级唱歌，你们怎么都不会唱？谁为我们工人唱歌，就谁先吃饭！那年代，工人阶级就是老大，谁也不能反对工人阶级的决定，温老师终于和工人师傅们坐在一起，吃到一次难得的热饭热菜，但是换来的是第二天加倍的体力劳动。

在工厂为工人演唱

50年代
指挥上海音乐学院音工团

即使在那样的条件下，温老师仍然偷偷地研究声乐，在牛棚里，他把毛主席著作和毛主席诗词放在桌上装模作样，有人来了，他就背诵毛主席诗词："不许放屁，试看天地翻覆"；看管的人走了，他脑子里却将咏叹调和歌曲一遍遍地默唱；在农场劳动的时候，他躲到没人的河边唱，车间劳动的时候，在机器轰鸣声的掩护下唱，琢磨发声的方法，他深信冬天必将过去，他在暗暗积蓄力量，期待着祖国春天的到来。

后来对温老师的看管稍微松了些，但还是不能够在家在学校练唱，一旦唱了两声，被造反派听见又得挨批斗。老师实在想唱啊，在一个大雨的傍晚，他让夫人陪着他出去，俩人骑着自行车到西郊公园还往西的地方，那时候那里是荒凉的野外，他站在一棵树底下，在雨声中歌唱，雨声可以掩盖他的歌声，可以不被人发现。王老师说，温老师那次唱得很动情，唱得忘记了时间，忘记是在雨中，身上、脸上全是水，也分不清是雨水还是泪水。

30岁左右

50年代演出

042

老师也有过绝望的时候，他被关在牛棚里被强迫做重体力劳动，脖子上常常被挂上沉重的牌子，不仅是肉体的折磨，更残酷的是精神上的痛苦。音乐学院的许多老师不堪折磨相继自杀了，钢琴家李翠贞死了，指挥系杨嘉仁教授夫妇俩死了，民乐系主任陆修棠教授死了，管弦系主任陈又新也死了，接着是赵晓生的父母双亲赵之华夫妇，接着是顾圣婴全家三口！沈知白！！几乎每隔几天就能听到亲密的同行死去的消息，老师硬挺着的信念渐渐绝望了，他无法理解这发生的一切，今天不知道明天是否又要被毒打，他看不见光明的希望；于是，他去医务室，问好朋友杨护士要安眠药，杨护士怕老师出事情不给他，他说夜里睡不好，每天只拿两片，日子长了，老师把药攒起了一小瓶。

在农村给农民演唱

1962年
人民画报第八期刊登青年男低音独唱家温可铮
演唱照片。钢琴伴奏王逑，大提琴助奏王石石

　　又是一个大雨滂沱的傍晚，又被批斗的他回到家里，凄风苦雨，灯光昏暗，家里乱得一团糟，老师平静地对夫人王述说"我实在挺不住了，实在活不下去了"他拿出积攒起来的那瓶安眠药，王老师说："好，你想死，我陪你一起死，但是我得把话说清楚，我记得你父亲说你一年级的时候就写作文要成为伟大的歌唱家，是吗"？

　　"是的"。

　　"你是写了血书才得到父亲同意考上了国立音乐学院，是吗？"

　　"是的"。

　　"你的理想实现了吗"？

　　"没有"

　　"那你现在觉得唱够了吗"？

　　"没有……"

　　"那你教够了吗"？

　　"没有！"

　　"那你能甘心死吗"？

　　……

　　大风刮断了外面的电线，屋里一片漆黑，夫妻俩并肩默默地坐在床前，两双手紧紧地握在一起，那天夜里，他们一直坐到天亮。

　　当冰雪消融的时候，温老师迎来的已经是人生的秋天，经历了磨难的男人，对着滔滔黄浦江水，一吐胸中的豪气："我——要——歌——唱——！"

60年代演唱

在上音礼堂

上海，文化广场，关了好几年的他许久没有出现在舞台上了，当全场的观众听到演唱者是温可铮时，竟然全场起立鼓掌，那时候不像现在的人们可以自由地欢呼喊叫甚至尖叫，人们甚至不能放声大笑！在场的观众只有长时间的拼命鼓掌，使得温老师站在台上没办法开始演唱，掌声给他带来了巨大的冲击，几年来的苦难、委屈、心酸、无望，他无法忘记在牛棚里遭受的摧残，他无法忘记别人把又脏又臭的海绵拖鞋硬塞进他的喉咙里！他无法忘记为了逃命从楼上跳下阳台！他无法抑制已经抑制了许多年的情感，他无法洗净被侮辱的记忆；一声长歌、泪满前襟，洒在钢琴前他熟悉的那个位置上，洒在久违了的善良的人们面前；在《码头工人歌》的嘿哟嘿哟声中，他哪里是在唱啊，他在倾诉，他冤啊，单纯的他只是为了歌唱，为了艺术，竟然这么多年不允许他发出声音！他高兴啊，因为他又回到了舞台，又能够唱歌了，能够唱歌对他来说就是拥有了一切……

这是王老师告诉我的，她说温老师在舞台上只哭过两次。

另一次是哈尔滨之夏，最后的闭幕演出在两个剧场同时进行，当一个会场听说温老师在另一个会场演出时，群众竟然要求大会组委会无论如何请温老师演唱完之后赶到这个剧场演唱；可是，老师在那边是压台节目啊，群众说我们可以等！等多久都要听温可铮演唱。于是，这里的节目演完了，全场的观众没有离开，秩序井然地等待，他们知道温可铮还要来演唱；老师乘车匆匆赶来，他从来也没有经历过这样的事情，看到这么多的人在静静地等他，那种无声而沉重的热情、那一片片深深期盼的眼神，他气喘嘘嘘出现在舞台上的时候，原来寂静的剧场顿时爆发出海浪一样的掌声和欢呼，此时此刻他无法忍住激动，眼泪夺眶而出，用他低沉的声音轻轻地呜咽……

经历过社会大动荡的艺术家，会对苦难和幸福有更深刻的理解，对生命和事业有更深刻的热爱。

60年代演唱

　　老师受过的委屈太多了，从年轻气盛带来的嫉妒到遭受的迫害，从被人诬陷到牛棚里打扫粪坑，莫名其妙地受排挤，似乎一直在延续着，他咬牙扛着，憋着。他是个有教养的人，不会跟人吵架，更不会削尖脑袋上下钻营，传统的思想和身份面子让他只能忍着，可毕竟是人啊，他有时候只能背着人偶尔淌眼泪。老师啊，其实您有什么好埋怨的呢？当您立志要唱好歌的时候，就应该明白，在我们这个民族的处世哲学里，"直木先伐，甘井先竭"是永恒不变的真理。

　　好多年之后，有一次我问老师："您知道那时候是谁打您的吗"？

　　老师说："知道"。

　　"谁掐您的喉咙"？

　　"也知道"。

　　"谁把拖鞋塞您的嘴里"？

　　"都知道"。

　　"那您不找他算账吗"？

　　"那是时代的错，他们年轻，不懂事，算了"。

在上海音乐厅和上音室内乐乐团合作演出

演出后签名

1987年
与关西交响乐队排练贝多芬《第九交响乐》

一句轻描淡写的"算了"，反映了当时中国知识分子总体性格的两个方面：

一方面是容忍，这需要有多大的气度啊，有容乃大，容别人所不能容，忍别人所不能忍！几千年来，一直是中国知识分子修炼的最高境界。

另一方面是软弱，容忍也是要有底线的，无论是一个民族、一个国家或者个人，任何事情如果没有底线就是没有原则。正是这样的无原则的宽容，连保护自己的最起码基本原则也放弃了，常常酿成了他们生命中的悲剧。容忍了许多祸害社会、祸害道德的邪恶能够得逞，能够在社会上泛滥，纵容了某些恶习的滋生，这甚至成了我们民族性格中的一部分。毛主席不是早就教导我们了吗："人不犯我，我不犯人，人若犯我，我必犯人"！当然，当时的情况知识分子是打不过造反派的，那当年不能硬拼，君子十年之后，总该算帐了吧！

孟子说，凡成得了大器的人，往往都经历过不一般的磨练："故天将降大任于斯人也，必先苦其心志，劳其筋骨，饿其体肤，空乏其身，行拂乱其所为，所以动心忍性，曾益其所不能。"

1976年10月
四人帮粉碎后在井冈山与朋友合影留

99年9月
在北京友谊宾馆中央电视台采访

83年，丁善德作品音乐会

2000年12月30号
于无锡影视音乐厅应邀举办
《世纪之声—声乐大师温可铮教授独唱音乐会》
钢琴伴奏王述

1984年3月
赴新泽西州普林斯顿大学，温可铮教授演唱

1991年
在新加坡大会堂举办个人独唱音乐会

　　温老师原来是一个性格开朗，喜欢表现喜欢讲话的人，经历了种种磨难之后，他的性格逐渐被改变了，话变得少了，真话不能讲，假话不愿讲；所以，我们看到的温老师常常是话不多，好象性格比较内向，其实，他还是一个开朗的人，一个善于表露情感的人，从他爽朗的笑声里，我们能够听到他真正的性格，从他的歌声里，我们能听到他丰富的内心世界。

　　有多少中国知识份子都经历了这样的伤痛，但是，他们的品质必然使他们不能纠缠在个人的恩怨之中，他们迅速地把这些沉重的记忆放在一边，因为在当时，他们更重要的是肩负起民族振兴的责任。正是他们的这种品质，中华民族能够在史无前例的灾难之后迅速地崛起，才有了今天这样成功的辉煌。

三春晖

SAN CHUN HUI

谈起温老师如何关心学生，著名小提琴家薛伟的父亲薛明是温老师最资深的学生之一了，他说："几十年来，温老师就是这样，心里总是装着学生"。其实，凡是温老师的学生，都会感受到这份沉甸甸的牵挂，谁也没有刻意地去说谢谢老师，因为大家知道"大恩不言谢"！何况一声"谢谢"根本不足以说出对老师的敬爱和崇敬，惟有认真地作出成绩让老师满意，让老师开心，才是真正的感谢。

050

80年代在青岛工人文化宫讲学

　　我记得在上海音乐学院学习的时候，温老师常常上完课后，晚上回家还是惦记着大家的问题，在灯下把上课时没有讲到的问题都写在纸上，第二天每个学生人手一份，上面写着存在的问题、如何练习、应该注意些什么，还有布置的作业。他尽可能地把自己的体会、对歌唱的理解倾心教给学生，哪怕是突然想起的问题，也会及时告诉我们，他怕忘记了，常常用小本子记下来带在身边。

　　夏天，那时候学校和家里都没有空调，老师又胖，喜欢出汗，几乎每次上课都汗流浃背，衣服湿了大半件，泛出一道道汗渍，但他决不放过任何一个不满意的地方，一遍遍地指导，一遍遍地纠正，一遍遍地示范，直到符合要求。看到老师这样，我们连汗也不敢擦，过了食堂吃饭的钟点，我们也不好意思说，饿着肚子继续唱。其实，这是老师一贯的作风，温老师的学生朱未老师谈起当年的情景：老师总是想办法让学生多学一点，哪怕自己多辛苦一些也在所不辞，那时候都是每位学生每周一堂声乐课，为了让她多上一些课，温老师让她和李文章每次都一起来上课，表面上每人上半堂课，实际上温老师总是拖堂，这样就可以让他们每周上两次课。

　　每次演出或者汇报会，老师总是早早地来学校，给每一位要上台的学生练声，把歌曲的重点难点过一遍。学生唱好了，他在一边笑，学生唱砸了，他心事重重，第二天准会把这个学生逮去上课。对于学生，温老师无一例外的严格，虽然他从不对学生大声训斥，甚至没有板着脸说过话，他用循循善诱的语调让学生感受到严厉和紧迫感，他用自己的行为让学生知道自己该如何上进。

在上海音乐学院上班时

有一次，温老师的一位毕业生来上海，原来唱得很不错的，这天老师让他唱给我们这些在校的同学听；可是，这位师兄可能忙于演出和其它事情，唱得不好，嗓门开得太大，声音太重，唱了二首歌居然就唱不下去了，在高音前停了下来；教室里没声音了，大家都互相看着不知道怎么说话，老师低头沉默了一会儿说："是我没教好，你明天别走了，留下来我再给你上课"，大家听了心里很都不是滋味。

有一位学生好忘词，唱"码头工人歌"时，有一句道白应该是"一辈子这样下去吗？不！兄弟们，团结起来"，那老兄紧张，串词了，在台上大吼一声："一辈子这样下去吗？不！阿宝！等着我！"，台上台下笑翻了，可温老师哭笑不得，当晚就陪着那位学生把该说的那句话反复朗诵。

老师非常注重培养学生的艺术实践能力，常常带着学生到各地举行音乐会，让学生得到充分的锻炼，同时，在时间过程中培养学生良好的生活习惯。前线歌舞团的孙振华如今也是大学的教授了，提起当年随老师演出的事情，似乎就在昨天。每次演出前，老师必定给学生多上些课，把音乐会上唱的作品反复练习，而演出的行程中也仍然用自己的经验指导学生如何保持良好的嗓音和身体状态。一次去东北演出，音乐会完了大家很高兴，庆祝演出成功，还有许多朋友和当地领导参加，东北人豪放，纷纷举起酒杯祝贺，孙振华也是东北人，音乐会上唱得很好，洋洋得意了，也高举酒杯；温老师居然当着很多人面不允许她喝，说喝酒要影响唱歌的，大家都说喝一点点没关系，可是，老师坚持说不可以，差不多就要拉下脸了。当时，那么些领导面子上也不好看，孙振华还是趁老师出去时和领导干了几杯酒。没想到有人告密给温老师，老师真的好几天没和她说话，过了几天才转过气来，还是对孙振华和好多同学说："喝酒伤嗓子，作为一个歌唱演员，嗓音是你的生命，一定要保护好自己的歌唱生命"。

温老师给孙振华上课

70年代讲学

60年代讲学

学生毕业了，和老师的通信也总是谈论声乐和音乐会。那个年代大家都很穷，一般家庭没有电话，我们常常特意去邮局和老师通电话想问候他，他总是在电话的那头说歌唱，说个没完；同学们私下议论老师时说："老爷子除了唱歌，其他啥都不感兴趣"。老师的言传身教潜移默化在学生们的身上，在全国许多地方，都有温老师的学生和老师一样，在默默地努力工作。老师洒五十多年的汗水，育桃李天下，学生们也总是以温老师为榜样，努力钻研学问、尽心教书育人。

后来我在东京艺术大学读研究生，每次参加比赛或重要演出之前，都会收到老师的信，告诉我需要注意些什么，如何扬长避短，如何在舞台上充分展示自己。每次收到这样的信，都不由自主地想起孟郊的话："慈母手中线，游子身上衣……"。我参加东京国际音乐比赛前几天，温老师写来信再次提醒我注意些什么，我把信带在身上参加了决赛并获了奖，也许是一种精神的寄托，我相信这跟护身符一样重要。

温老师在学业上教导学生，师母却在生活上更多地关心学生，当年，大家的经济都很紧张的时候，相比之下，老师家经济条件还是比较好的，因此，只要去老师家里上课，王老师就会留学生吃饭，周末或节假日，王老师还特意多买些菜，多煮一锅饭，请同学们去家里热闹一番，她说："你们吃饱了，身体棒一些，唱歌就好一些"

70年代讲学

1995年，温可铮暨学生孙珊珊举办独唱音乐会

1986年11月

1986年11月，在日本东京，师徒二人……

　　记得1982年的国庆节，那时候不放长假，只有两天休息，我们去了六个男生二个女生到老师家吃饭，王老师包饺子给我们吃，光做馅用的大白菜就切了四棵，拌上肉糜包了十几斤面的饺子，同学们难得放开猛吃，笑着吃着，一直吃到说话少了、不说话了，只会互相看着傻笑了，帽子掉地上也无法弯腰去捡起来，老师也吃多了，也在一旁看着我们憨笑……

　　所以，学生们和老师在一起总是很开心，会畅怀大笑，笑得很响，笑得忘情，笑得欢畅淋漓。因为老师总是把自己融入到学生中间，上课的时候是一位严肃严谨的导师，下课后又是一位慈祥的长辈和忘年之交的朋友。厦门的郑毅训老师一生难忘温老师对他的关心，文革初期，温老师开始受到迫害，郑毅训老师当时也历尽波折，被分配去山东挖防空洞了，温老师不顾当时自己的处境，让在校的学生一定转告他，无论遇到什么困难都要坚持住，这在当时可是罪加一等的啊！郑毅训几经周折调至武汉，听说温老师遭到批斗迫害，连夜从武汉赶来上海，由于不能去学校和家里与老师见面，他请亲戚偷偷告诉王述老师，晚上十点，请温老师到中山公园门口一见，温老师和王老师骑车过去，他早就守候在那里，从胸口掏出一封被捂热的信，让老师回家以后看，含泪让老师多多保重。老师到家拆开信封，里面是一些钱和一页信，学生把第一个月的工资交给了生养自己的父母，把第二月的工资交给培养他的恩师，信中提到了自己的处境，并反复请老师师母保重，那天，温老师心情特别沉重，止不住感动的泪水……

温可铮夫妇与学生厦门歌舞团教师兼独唱演员郑毅训

054

学生李文因同情彭德怀同志而受到迫害，一直到文革结束，在湖南大山里放羊耕地，对外面世界翻天覆地的变化几乎一无所知，直到有人告诉他彭德怀早就平反了，你怎么还在放羊呢？这时候，他早已是身无分文，他写信向温老师求救，希望老师能助他一臂之力，温老师立即给他买了车票，给了他生活费，鼓励他去北京寻求公正。他历尽苦难，终于平反了，被安排到中国歌剧团。但是，已经二十多年没有唱过歌了，李文完全不会唱了，去剧团报到的时候，他哭了，哭得非常伤心；温老师得知此情况，又立即去信，让他到上海，住在老师家，吃在老师家，每天给他上课，逐渐恢复嗓音，经过一段时间的教学练习，李文慢慢能唱了，他又经常来回于北京上海之间坚持上课，后来又去了瑞典，在哥登堡歌剧院任职。他常常告诉别人，是温老师给了他艺术生命和所有的一切。

上海师范大学徐朗教授回忆起当年的时光，十分感慨："温老师既给我们上课，又总是把我们当成朋友，从来没有高高在上的感觉，和我们很亲近，还经常唱给我们听，让我们提一些意见，他觉得有道理就马上会改，在做学问上，温老师是一位十分真诚的好老师"。

温老师到全国各地去讲学，总是认真备好讲稿，准备好资料；早在1977年，老师在中央人民广播电台的一次声乐讲座稿提纲就有二十页，根据他讲座录音整理出来的文字有三万多字，在讲座中还示范演唱，非常生动。现在好多老师出去讲学很简单了，根本不需要备课，拎几个学生上台来唱，然后根据唱的情况发表一些看法，提出一点指导意见；美声的、民族的，甚至通俗的无一不精通；其实大家都明白，声乐的问题岂是几句话就能够奏效的，所以学生的毛病改不掉也是正常的，不是讲学人的过错啊！

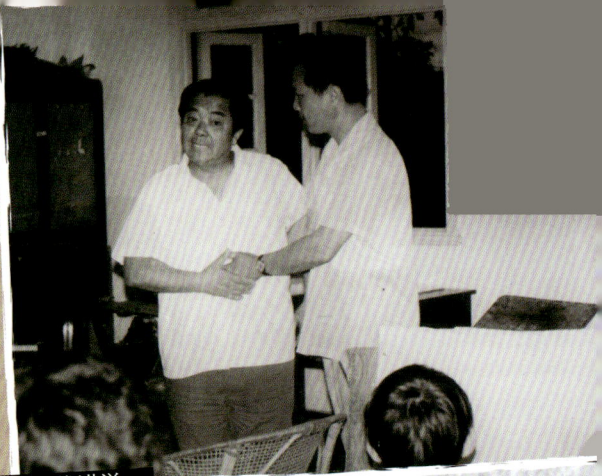

70年代讲学

温可铮和学生
（上左起）蔡炳才、张世明、唐长富、吴志强
（下左起）李国绥、温可铮、李文

1977年
温可铮夫妇与高芝兰教授
李玉华、马小兰、田理真合影留念

生命健

G

ING

1984年
在美国康奈尔大学和音乐系老师交流

　　1984年温老师去美国康乃尔大学演出和讲学，出发前准备了好几个讲座的内容，关于中国民族音乐发展的问题和敦煌音乐的问题，他反复去音乐学院找叶栋教授等专家探讨学习，然后每天晚上把探讨的问题仔细整理。他后来回忆说，通过讲座能够学到很多东西，即使是自己熟悉的声乐讲座，也能够帮助自己整理观念和思路，关键是要认真对待。

　　温老师晚年的时候，应中国音乐学院的邀请担任该校的教授，精心尽力地为培养学生付出了许多心血；他还频繁到各地演出讲学，七十多岁的老人了，在台上连讲带唱还示范，一讲就是三、四个小时，听课的人都累了，他还精神抖擞，口若悬河，老师的敬业精神是我们都望尘莫及的。

　　其实，温老师晚年时，完全可以放下教学，偶尔唱唱，到世界各地游览游览，轻轻松松地享受几十年辛辛苦苦换来的安定生活，可是他喜欢教学，喜欢和学生们在一起；他把心掏给了学生，学生也把心交给了他。因此，当老师住院抢救的第一天起，各地的学生都在最短的时间内赶到北京，甚至从巴黎、从纽约赶来，这是一份永远的师生情谊，一份无法用言语表达的亲情。所谓"为人师表"，我们是深有体会的，不仅是温老师的弟子，当年上音的学生们都会从那时候的一批老师身上感到这种深刻的榜样力量。

　　我知道，温老师遗憾没有能够教出让他足够骄傲的学生；可是，谈何容易啊，老师啊，您太高大了，我们只能仰视您，您想想，谁能够像您那样唱到生命的最后一刻呢？又有谁能够像您一样倾一生的精力扑在声乐研究和教学上呢？在如今浮躁而喧嚣的尘世里，我们心里装的东西比您多多了，方寸都乱了，这个时代对每个人的诱惑实在是太绚丽多彩了，我们无法像您那样专心致志地钻在声乐艺术里。但是，您放心，您的学生会继承您的事业，尽管我们不能做到像您那样出色，我们决不会给您丢脸的。

和世界著名男中音歌唱家基诺贝基合影留念

寒墨书香

HAN MO SHU XIANG

温老师喜欢书画，据说小时候就在表叔的指导下练过，后来因学业繁忙和连续不断的政治运动，心无法静下来，练得也就少了。

人到中年，生活比较宽松了，政治运动少了，心没有以前那样累了，教学和演出之余，有足够的时间来修身养性，不知何时开始，老师又提笔泼墨，在洁白的宣纸上悠然自得。

如今歌唱家多得令人眼花缭乱，说实话，好声音真是不少，可就是不耐听，经不起品。可惜啊，他们忽视了唱歌以外的却是和唱歌有密切关系的文化和品味；忽视了陶冶自己的情操和文化修养而仅仅局限在响亮的声音里。其实大家也都知道,当文化积累养成的高雅品味能够融入歌声里的时候，歌的品质就能得到升华，然而，谈何容易啊，那需要持之以恒，十年一剑。

我在上音读书的时候，就看温老师在家临徐悲鸿的马，说实话，那时候老师画得一般；后来，画的时间多了，生活的经历也逐渐丰厚了，心气也逐渐平和了，笔法中的锋芒逐渐磨去了，气韵能够聚而不散了，变得含蓄圆润；画的布局也趋向均衡平稳，色彩也不那么跳了，慢慢地透出一些古意和书卷气；老师又和国画大师程十发先生等名家神交，他的画开始和他的歌声接近了。他先后创作了一批书画作品，在上海画院、新加坡和纽约联合国大厦举办过他的书画展，还出版了画册，这在歌唱家中间实在是绝无仅有的。

我是最早得到他画册的学生之一，画册中的许多画我都见过，有几幅是看着老师画的；细细品味，他的《灵石清供》有几分宋人的笔意，《墨荷清气》则有白石的清淡，仿石涛的《山居空寂》不够枯，《怪石雨竹》竹太弱，《仿古仕女》隐隐约约有几分吴道子的风格，而《百代画圣吴道子》却让人想起范曾。

百代画圣

与著名画家程十发合影留念。

1991年3月
在新加坡大会堂楼下举办温可铮个人画展
夫妇二人与画家易振东先生合影留念

桃园问津

老师写书法的时间显然比画少，从风格上看，似乎非王非颜、非苏非米，却似楷似隶似行，字里行间流露出稳重厚实的文人气。

和声乐一样，掌握歌唱的技术难，其实还不难，难的是声音里表现出来的韵味和精神，唱得响亮并不难，难的是歌声里的情感和气质，这种精神是依托在声音技术上的，但来自于技术之外的艺术修养和人的品质。

中央美术学院的范扬教授是我的兄弟，十五年前在温老师家里看到老师的作品评价说："虽不是专业画家，却也算得上业余顶尖高手了"。当然，温老师无意成为书画家，他的知名度已经足以骄傲了，他希望沉下心来，在浮躁喧嚣的尘世寻觅心灵的宁静，他也并非寄托情感于宣纸上的山水人物，他几乎是随心随兴的，是心情和品位的自然流露……

江山代有人才出各領風騷數百年

書趙翼詩句

溫可錚

恰恰这和他的歌唱风格有异曲同工的密切联系:

其实,中国书画也是有旋律的,有节奏的!

我们看到华丽复杂的篆书,会想到音乐的巴罗克风格,

看到隶书的简洁均衡,也油然联系起古典风格的稳重和质朴,

我们看到唐宋时期风格各异的作品,和欧洲浪漫时期音乐家群起、作品百花齐放多么相似。

如果你懂得一些书法,你不觉得欣赏《兰亭序》和听莫扎特的感受很接近吗?

你没感到欣赏颜真卿的时候,会想起威尔第吗?

如果有一天,坐在明式的红木椅子里,看着王铎的条幅,一杯清茶、轻轻南风,陶醉在普契尼的旋律里,那是一种什么样的享受啊……

艺术是相通的,甚至发展的规律也常常是一致的,这是所有艺术从诞生到成熟到衰退的生命过程,无论是音乐、歌唱还是书画都是这样,就像我们人从生下来到青春的激情,然后到中年成熟,然后到晚年的衰退,然后安静地消失,万物变化虽千奇百怪,但过程必然相同。

温老师与书画的沟通,在他的歌声里一耳了然。

他能把"怀念曲"、"我住长江头"、"花非花"如此线条简洁的歌唱得连绵不断,透着重笔浓墨的凝重,线条长而内力稳重,含而不发,紧紧揪住人的内心;这样的音乐其实不多,我多次听马友友演奏,他也有这种摄人灵魂的勾引力。有许多大师的作品确实很美、很精妙,但不勾魂。

不仅是中国作品，温老师演唱外国作品同样表现出这种对音乐线条、色彩和整体布局的艺术性，许多人听他唱"波斯恋歌"，最后一段的弱声就像一丝淡淡的画线，轻盈而细腻地飘啊飘，飘在音乐厅的空中，抒情而略带几分忧郁、几分委屈，细细地轻轻地透进听众的心，难怪当年在东京演唱这首歌时，好多听众被他唱哭了，而他演唱俄罗斯浪漫曲是许多人最难以忘怀的了，他的歌声和大提琴相互融合在一起，两根优美的音乐线条交织交错，时而升腾，时而飘落，你说我吟，你歌我舞，实在是难得的精品。

古人说"功夫在诗外"，宽厚的文化和丰富的阅历是温老师艺术的源泉，他不是靠那么一两首歌在老百姓中间唱红的，他的歌唱是经得起专家研究和推敲的。如今的人可不再会像温老师这样，花毕生的精力投入在宽阔的文化海洋里，汲取母亲文化的精髓来充实歌唱艺术；急功近利的人们都会窜到录音棚里，靠数码的优越性像贴膏药一样一句句地拼接出浮躁或媚俗的声音，尽管声音可以做的无暇无疵，但那是没有灵魂的躯壳；很多年前，我的书法老师尉天池就一针见血地说过："那是音，不是乐，是美术字，不是书法"。

说来话长，温老师对书画的热衷是有渊源的，他的父亲是一位律师，同时又喜欢字画收藏，他们家又离前门很近，那里有许多古玩店铺，常来常往，认识许多字画商，父亲把大部分钱财都花在收藏上，我们知道，对于收藏家来说，乱世往往是最好的机会，父亲确实收藏了不少珍品，每每拿出来欣赏的时候，温老师必定在一旁似懂非懂地看着，时间长了，眼睛亮了、眼力深了，这些字画印在他的脑海里，成了他对中国传统文化认识中的一个重要部分。

可惜啊！这些珍品在文化大革命中都被毁了……

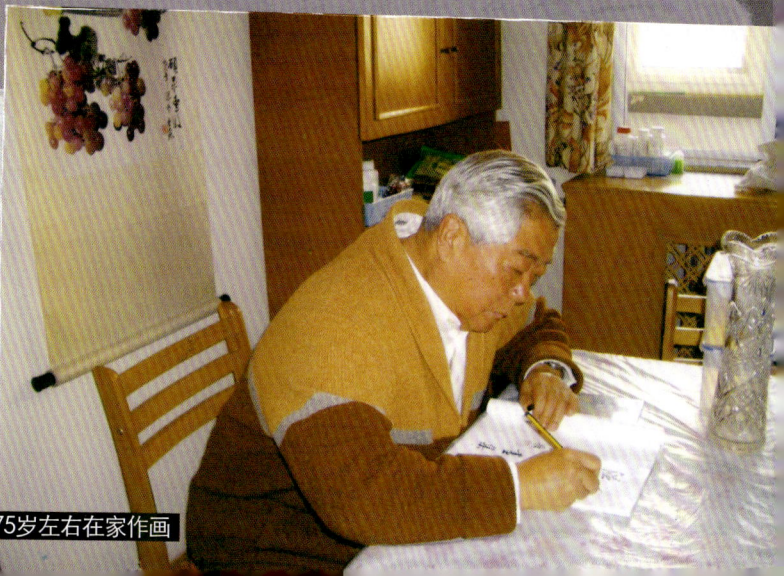

75岁左右在家作画

生命的赞叹

温老师有一位表叔叫秦仲文，是民国时期有名气的画家，曾担任北平艺专的国画系主任，他常常带着一帮画界朋友到温家作客，闲谈神聊无不散发着浓浓的文人风雅，他还指导年幼的温老师画画，于是，耳濡目染，温老师从小就受到了良好的艺术熏陶。

温夫人王逑老师出身于江南常熟的名门望族，清代吴门画派著名的"四王"中的王石谷是王老师的前十一代先人，王家与清朝两代帝师翁同龢家是世交，两家来往很多，书香门第的家世源远流长；王家有这样厚实的底蕴，才会有长远的目光，在上世纪四十年代那样战火纷飞、民族危亡的时候，能把十八岁的女儿送到当时中国首屈一指的金陵女子文理学院读书，需要很开明进步的思想和足够雄厚的经济实力，那时候金女大的学生可都是皇冠上的明珠啊。

王老师的父亲也精于书画鉴赏，家里也有不少珍品，自己也善画梅；东床岂能不受泰山影响？温老师自然从中受益匪浅。

温老师说过："歌唱和音乐本身就是有声的诗词书画，而诗词书画则是无声的歌唱和音乐，它们的艺术境界是密不可分的。"

有一次我告诉他去南昌旅游了，他随口诵出"南昌故郡，洪都新府，星分翼轸，地接衡庐"，我想，能背出"落霞与孤鹜齐飞，秋水共长天一色"者似乎不足为怪，而能记住《滕王阁序》开头几句的，实在是很少的了，若非认真读过一些古书，是不能做到的。因此，我们就很容易明白温老师在演唱中国作品时为什么那样娓娓动听、得心应手。也难怪他在美国康乃尔大学举行音乐会之后，连续做了六个学术讲座，分别是"中国音乐发展历史"、"中国民歌及艺术歌曲"、"意大利美声歌唱与中国歌曲的吐字问题"、"敦煌与唐代音乐"和"发声法漫谈"等。从中华民族音乐文化发展的历史到意大利美声的技术艺术问题，纵横古今、评点中外，唱论结合、侃侃而谈。

和岳父王子扬

书画和歌唱一样，当掌握了一定的技术之后，心里有的就会从手上透出来，如果心里没有积累，就没有底气，硬是模仿故弄玄虚的总是看上去奇怪、听起来别扭，这就是所谓"心领神会"的意境吧。

大画家程十发先生这样说的："我对温可铮教授产生一种敬仰之心，是因为他对中国绘画艺术的研究和追求，使我猛省到不管什么艺术，不管哪一位艺术家，他们都是从母亲的乳汁中取得营养而成长起来。当您认为我说的是真诚的话的时候，您也一定从画面中听到了天籁和淳厚的歌声"。

老先生说得多好啊！我们仿佛又看到了俞伯牙和钟子期，又听到"高山流水"，所谓"知音"，并不是所有人都有资格当的，只有一定的文化艺术底蕴，或者说相互间文化、品位层次相当，才能够"知"这个"音"的；我们平时也常常说谁和谁是知音，其实那都是闹着玩的，音尚未懂，焉能知乎？

温老师走后三个月，程老先生也走了，如今，我们在这里悲痛地思念他们，也许他们正在天上亲切地切磋书画和音乐呢……

老师的大部分书画都是在南汇路的老式楼房里完成的，从文革年代起，那里就十分嘈杂了，房子也很旧了，拥挤而零乱，从"嘎吱"声中推开一楼的大门，几乎每一级楼梯都会响的，天花板上的涂料和腻子也剥落了些许，露出条条裂纹。

后来，温老师买了宽敞的新房子，但是他说喜欢住在这里，住了几十年了，有感情，因为这里有太多的故事，有太多美好的回忆，同样有许多刻骨铭心的恶梦；正是这些风风雨雨，构成了温老师跌荡起伏的人生，虽然这里陈旧，虽然这里零乱，但是他不舍得离开这里。

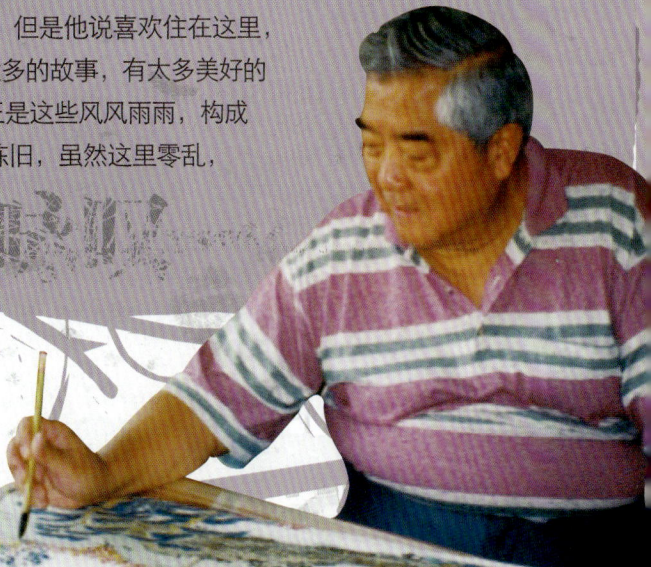

70岁左右在家作画

老师在艺术方面表现出很高的品位，在生活中的品位有如他的书画，简朴清淡、稳而含蓄，追求真、纯，讲究的是身心的舒适，而不是形式的讲究。

他家的客厅里，堆满了唱片和乐谱，家具还是1983年我帮他油漆的，因为我在上大学之前干过六年家具厂的油漆工；钢琴也是旧的，沙发也软了，其实，温老师有足够的钱把房子装修一下，买名贵的家具，换最好的钢琴，但老师的心思都花在歌唱上了，他说"没必要豪华，舒适就行"。

柳宗元说："谈笑有鸿儒，往来无白丁。南阳诸葛庐，西蜀子云亭，何陋之有"？充实的生活就是这样，不是表面的富有，是在每个日日夜夜中透出来的和谐、温馨和平静。"山不在高，有仙则灵"，室不在大，有歌则雅。这套房子陪着温老师夫妇一起慢慢变老，这里教出的学生无数，这里练就的歌声可以绕着地球飞翔；这里来过一些名扬四海高朋好友，一起品味艺术，一起笑谈人生，音乐家、诗人、哲学家、书画家、科学家，还有当官的，如果房子有记忆的话，那么，发生这里的故事实在是太多了，这就是价值。

75岁左右

温老师对生活的要求和对歌唱的一丝不苟形成了鲜明的对照，吃饭不挑食、睡觉不挑床，吃饱就行，倒哪儿都能打呼噜；衣着随意只要得体，舒适就行，除了演出服装和出席重要场合的服装很注意之外，平时从来没有名牌在身；一方面他不喜欢名牌，另一方面他太胖，横竖比例不对，也实在买不到好看的衣服。有一次培乐蒙的师傅来家给老师量尺寸做衣服，量了半天走了，我说师傅可能会做错，老师不信，过几天拿样子来试穿，错了！应该是腰围三尺三、裤长三尺，师傅按常规想当然，做成三尺腰围三尺三长，没办法穿，老师开心得像孩子般大笑！

温老师时常开怀大笑，笑得畅快淋漓，他也时常被感动，感动得泪水盈眶；他是个情感丰富而且善于表露的人，温老师说过："一个人的品位不是表现在表面的，生活可以简单朴素些，但艺术要精益求精，人的精神世界要丰富多彩"。

92年8月，在新加坡大会堂举办画展及独唱音乐会

我愿意

WO YUAN YI

在温老师的生命中，夫人王述老师是一个美丽的影子。

古人说是贤妻良母，现代人说是军功章里有你的一半，也有她的一半。

夫妻俩恩恩爱爱几十年，从人生的风风雨雨中走来；台上台下，夫唱妇随，为了让老师这朵大花能尽情绽放，王老师总是在做绿叶，默默地、心甘情愿地、幸福地劳累着。

平日里，她要给温老师练唱弹伴奏，给老师演出弹伴奏，老师上课还要给学生弹伴奏；温老师上完课了，和学生聊天或看书画画了，王老师还要下厨房做饭洗衣服，以前还得去陕西路菜场买菜，还要抽空上钢琴课。

温老师不善于和外界打交道，于是，好多事情得王老师出马，什么居委会啦，邮电局啦，煤气公司啦，都是王老师到处奔波；请客吃饭还得王老师打电话订座。温老师来客人了，她又热情接待，端茶倒水；温老师和别人谈事情，王老师也在一旁听着，温老师常常忘事，都得她提醒；温老师要出门，她得陪着。一般女教师退休后，在家做做饭，看看电视，养个小猫小狗玩玩，或出去旅游旅游。可是，王老师从来没有停歇过，为了这个家，为了温老师能够更好地唱歌，王老师付出的心血无数。

如今，温老师走了，家里还是原来的样子，连温老师用的杯子都还在茶几上，那些书，那些谱，那些唱片，那些照片，还有萦绕在满屋子的老师的歌声……

比翼鸟折断了一个翅膀，从此生死两茫茫。

王老师要用孤独的翅膀撑起一片蓝天，温老师没有做完的事情，她要接着做……

遥远的1950年，南京，国立音乐学院要搬到天津去了，学院举行一场告别音乐会，温老师当时已经毕业，受吴贻芳博士的聘请在金陵女子文理学院教书了，作为音乐学院的毕业生，被邀请担任独唱。那时候，王老师在金陵女子文理学院附属中学读书，跟叶惠芳教授的姐姐叶琼芳学习钢琴；那天，她和一位熟悉温老师的女同学一起去听这场音乐会。

78年在家中练唱

年轻时在练唱

30岁左右

50岁左右在家中研究作品

温老师唱完后走到后排来，和那位同学聊了几句，同学向温老师介绍了王老师，温老师有礼貌地点点头，王老师也有礼貌地点点头笑笑；我问过王老师，那次留下了什么印象呢？

王老师说听过就忘记了，只记得他唱的是《西蒙·博克涅格拉》，他唱得很好，那时候很年轻。

这显然是谎话，都快过去六十年了，唱曲目都记得，怎么说没有深刻印象呢？

也许当时王老师只是中学生，即使对温老师产生好感也不好意思说吧。

后来王老师考上金女大，校方给新生介绍老师的时候，又看见了温老师，"哎，这不就是上次唱歌的那位吗"？

金女大的钢琴学生也要学声乐副课，温老师被指定为王老师的声乐老师，第一次上声乐课，温老师问："学过唱歌吗"？

"没有啊"！

"会不会唱歌呢"？

"唱歌当然会啊"！

"那先唱一个我听听"。

"唱什么"？

"你会什么就唱什么"。

王老师就用大本嗓唱了一首"李大妈"！

唱了一半，温老师赶紧摇摇手说："好了，好了，别唱了"。

就给王老师布置了一首"谁是西尔维亚"。

王老师说第二次上课居然就让她唱贝多芬的"我爱你"！

金陵女大

后来搞土改运动，师生都被派去淮北农村，温老师和王老师分在一个小组；

温老师在一个村，王老师在另一个村，为了王老师的安全，温老师天天早上用一个半小时送王老师去，晚上再把她接回来，走在乡间的小路上，温老师一边唱，一边说不完的话！

两人开始有意思了，在给农民兄弟演出的时候，他们俩演《兄妹开荒》；温老师用男低音唱着"雄鸡，雄鸡，高呀么高声唱"，王老师用大本嗓唱，还扭着秧歌，真是难以想像那是什么样的情景。

那时候还要求写农村生活的作品，温老师写了首歌，叫"小三要娶大姑娘"，开会的时候偷偷塞给王老师看；其实，他在家里排行第三，家里人就叫他小三，真是用心良苦啊！

在乡下，生活条件十分艰苦，有一次王老师盲肠发炎，肚子痛得死去活来，温老师背着她，在齐膝盖深的雪地里走了几个小时，把王老师背到县城的医院。

终于，土改结束了，全国院系大调整，他们都到了上海。

1954年1月1日，上海南京西路来喜饭店，就是现在锦沧文华的地方，温老师和王老师结婚了，好多朋友参加了婚礼，苏石林教授也出席了婚礼，并为他们演唱了一首舒曼的"你像一朵鲜花"。

从此，他们相依为命，"无论是幸福还是苦难，我愿意！"

文革期间，王老师罪名比温老师轻，所以能够住回家；老师关在牛棚里的时候，她天天去看望，批斗最严重的时候，是不允许探望的，可她还是天天去，哪怕在门口站一会儿也好；每天总是做好了饭送去，尽管那时候工资都没收了，只有十几块钱的生活费，王老师总是想方设法做点温老师喜欢吃的。后来，看管松了些，老师可以回家了，王老师每天都做好了晚饭，站在南汇路口等啊等，饭菜凉了，热一下，再下楼来等……

结婚照

35岁左右

70岁左右在美国

他们1984年去美国讲学演出,途中遇大雪,在东京成田机场等待天气好转,整整十六个小时坐在候机楼的长椅上,没吃没喝的;那年代出国有严格规定携带外汇数量,他们身上只有二十个美元,哪怕是一瓶水都考虑再三,怕温老师饿,王老师自己不吃不喝,给温老师买了几瓶矿泉水。

每次演出成功,王老师比温老师还高兴,温老师呢,总是拍拍王老师的肩膀,把鲜花塞在王老师手里,有时候还搂着王老师的肩膀说:"主要是你伴奏弹得好"!

王老师扭伤了腰,每天去医院推拿十分麻烦,温老师就去学了推拿技术,每天为王老师推,整整三个月,居然把王老师的腰推好了,至今没有再发过。

在美国的时候,王老师要去比较远的地方教钢琴,从他们家到地铁站中间有较长的一段路,路上行人比较少;温老师担心王老师的安全,每次王老师去的时候,总要护送,就像当年护送到生产队去一样,王老师回来晚了,他会去接;甚至还做好饭等王老师回来,菜不太会做,清炒鸡蛋;但是,王老师还是对他的主动性感到温暖。

今年春天,温老师突然发病,昏迷在医院,王老师终日守候在老师的病床前,每天几乎不睡觉,期盼着老师醒来,期盼着还能听到他的歌声;然而,温老师终于没能醒来,4月29日中午,温老师的遗体从八宝山灵堂抬出去火化的时候,我和孙大月扶着王老师,王老师泣不成声:"他就这样走了吗?他还会回来吗"?

王老师要把温老师没做完的事情做好,要出关于温老师的书,要整理温老师的学术论文集,要整理温老师的录音出版,要整理温老师几十年的听课备课笔记,要整理温老师的照片和节目单,要整理温老师的书画,要做的事情还有很多很多。

比翼鸟折断了一个翅膀,但还是要坚强地飞翔!

王老师要用孤独的翅膀撑起一片蓝天。

师母啊,您可要多保重啊!

太阳落山了

TAI YANG LUO SHAN

2007年3月18日下午，温老师感冒，到中国音乐学院后面的解放军306医院就诊，医生给他吊水，傍晚烧退了；老师要回家，王老师和医生都说干脆住在医院里再观察观察。19日清晨6点，温老师突然感到心脏不适，立刻就昏过去了，心跳也骤然停止，医院马上送到抢救室，诊断是心肌梗死和脑梗死并发；医院动用了最好的医疗器械，派了最好的医生，老师的病情未见好转。

在抢救的日子里，老师的朋友们、学生们从各地抢第一时间赶来医院，日夜守候在病房前，大家从玻璃窗里，看到老师躺在病床上，嘴里、鼻子里、身上插满了各种各样的管子，都无法控制自己的感情，哭了好多次。

最让我伤心的是一天上午，老师的呼吸实在困难，需要切开喉咙插入氧气管。我和几位同学就在抢救室外，看到医生用刀子切开了他歌唱了一辈子的喉咙。

这个喉咙曾经感动了多少人啊！唱了几十年啊！那是温老师的生命，甚至比生命更重要的喉咙啊！就这么被切开了，我们都哭了。

　　老师在抢救室抢救了半个月，后来转到重症病房，医院和老师的亲属请来了北京心脑血管最权威的专家会诊了数次；设计了最合理的治疗方案，用了最好的药，上海音乐学院的领导来了，还专门派了认真负责的杨海兵住在附近，处理一切事务。但由于病情太严重了，医生们也无力回天，温老师昏迷了一个月后，于2007年4月19日晚上10时16分去世。

　　2007年4月29日，八宝山，花圈放满了灵堂，延伸到外面的天棚。

　　人们默默地来送老师，带着刚下火车飞机的疲惫，带着伤心的泪痕，从四面八方赶来看老师最后一面。

　　吴启迪来了，吴祖强来了，付庚辰来了，韩中杰来了，沈湘夫人李晋玮来了，吴雁泽、金铁霖、戴鹏海、杨立青、徐沛东、徐孟东……

　　送花圈的更是数不清：中国文联、中国音协、中央音乐学院、中国音乐学院、侨联、中央乐团、总政歌舞团、中央民族大学、上海师范大学、南京师范大学、北京、上海、江苏、安徽、新疆、河北等等省音乐家协会，还有领导赵南起、孙孚凌、周巍峙、龚学平、殷一璀、曾庆淮，还有许许多多的亲朋好友；老师活着的时候大家都喜爱他、尊敬他，老师走了，人们会永远想念他。

　　没有哀乐，只有老师在唱歌，老师的歌放了一遍又一遍，人们在他的歌声里向他作最后的告别，学生们给他磕最后一个头。

　　老师的歌声让人们都哭得很悲伤，老师唱到了生命的最后，他的理想就是这样，他实现了他的理想！

　　一位歌唱艺术大师，一位把一生都扑在歌唱事业上的教授，一位在人们心里永远忘不掉的好人，安详地告别了大家。

　　太阳落山了，绒线胡同的余辉也消失了，温老师的歌终于唱完了。

　　他的歌声飞去了天堂，变成星星，变成五彩缤纷的花雨，变成和煦的春风，变成我们永远的怀念……

来自世界各国与及国内的赞誉

你是ＢＡＳＳ（男低音）但有了不起的头声及半声技术，是大艺术家的演唱风范，十分伟大。

——达尔特·巴德蕴

温可铮的歌唱是当时我所聆听到的，最具有才华的且是世界上最有前途的男低音歌唱家之一。

——前苏联声乐大师人民演员鲍·格梅里亚

他是演唱俄罗斯风格的声乐大师，并具有极佳的舞台风度和令人难忘的表演天才，他的演唱和教学在此产生了真正的影响。

——美国康奈尔大学音乐系主任斯蒂芬·斯塔基教授。

作为东方人诠释西方音乐作品，达到如此高的水平，真诚的欢迎您作为中国人民“使者”常来日本演出，来加强文化艺术的交流。

——日本前皇太子现明仁天皇。

他美妙的歌唱艺术即使在意大利，在欧洲也是绝无仅有了。

——法国声乐大师著名男高音歌唱家阿兰·万佐。

温可铮的演唱，表情细致丰富，并且气息宽广，音质优美，演唱得完美无瑕。

——世界十大女高音之一斯费力·西尔。

星光爍爍，放懷長

——記溫可錚教授的師生音樂會

■陶瑜

初夏熟軟的晚風習習，如輕紗拂面，雙肋生涼。皇后社區大學的音樂演唱大廳，人聲初定。眼前軒昂開闊的舞壇，在淡金燈光和木質紋理的輝映中頓時明亮如沐春煦。弦樂聲隨着悠揚安祥的大提琴序曲獨奏完畢，端坐輪椅上，一位衣著典美的女士在一名黑色禮服的青年推動中，緩緩自舞台右側進場。她倚着黝亮的長鋼琴前站定，觀眾略帶詫異地屏息靜待，看她神情自若，純準伴奏琴音方落，第一串音符如鶯遷出谷的黃鶯，清脆亮麗飛出大廳，全場的耳朵找到了焦點，啊，這是多麼不尋常的開場。方鎬雲女士克服了偏傷足踝、數裹行脊的

常表演的穆索爾斯基的《跳蚤之歌》、《醉鬼》，也有不易聽到的如柴可夫斯基的《柔美星光照耀我們》、《孤寂的心》，和馬斯內的《悲歌》。聆聽這三首名曲應算是紐約觀衆之福。柴可夫斯基的樂章向以強烈的個人風格見長，除了一般耳熟能詳的交響樂曲或芭蕾舞曲之外，屬於抒發個人內心感情的浪漫曲並不多見，特別是這類短章，晶瑩剔透，飽含着柴氏一生憂鬱寂沉的個人積蘊。歌者不僅需掌握高超的演唱技巧，更需具備一份探幽發微的敏銳感受還要有深刻強烈的情緒感染力。這次的演唱便是三者難得的結合。溫教授的天賦嗓音寬厚深沉，明亮又富於變化，長期的鍛鍊下能擅長發富多彩的聲音表情，再加上坎坷風霜的人生閱歷，使柴氏樂曲的靈魂透過他的詮釋如同幽微燭照，今夕復醒。二曲終了全場陷入低迴的沉思。最後"安歌"演唱的一首馬斯內的《悲歌》，更是傑作。大提琴與鋼琴的前奏引領下，樂感情緒已浸透全場，而溫教授的演唱更是極其細膩精緻，雖然技巧嫻熟仍小心翼翼，在每一次主旋律的重複出現中都區分不同層次，務使每一重複引導聽衆進入新的感受，直至最後尾聲結束，而情緒卻久久盤桓不散，感人至深。

這場演唱的另外兩首中國藝術歌曲《我住長江頭》、《偶然》和兩首民歌《小和尚》、《鳳陽花鼓》都得到熱烈的迴響。這些歌雖說音樂會裡尋常見，但曲目越熟，挑戰性越大。能在尋常樂曲中唱出獨有的風格便是歌手與大師的區別所在。僅以其中兩首爲例：青主的《我住長江頭》，選用宋代詞人的抒情小品，歌詞借江水綿延遙寄對所愛的纏綿深情，寓於傳統文人的風流蘊藉。一般女聲獨唱此曲，多在兩闕高音部份下功

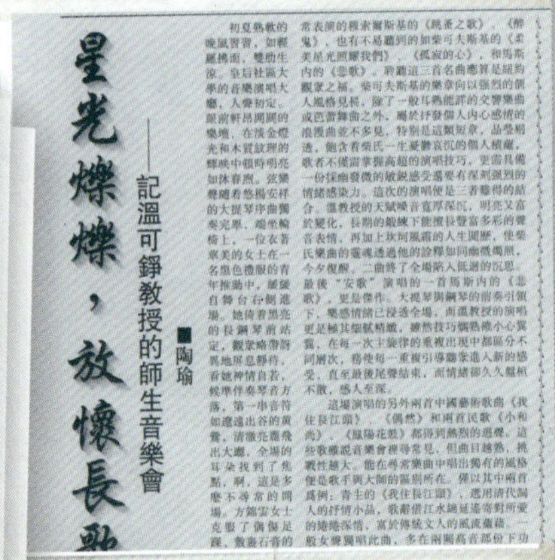

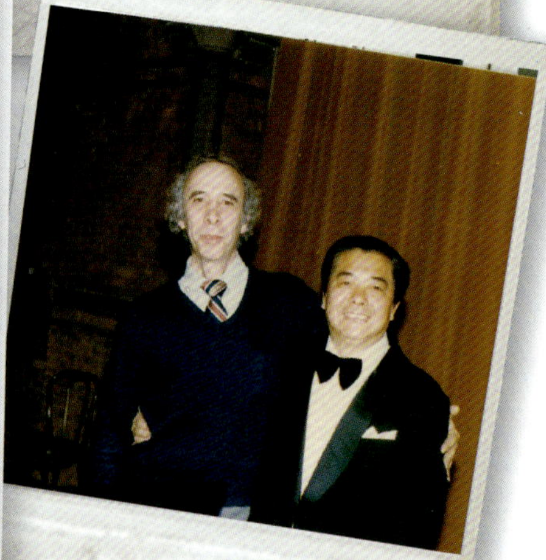

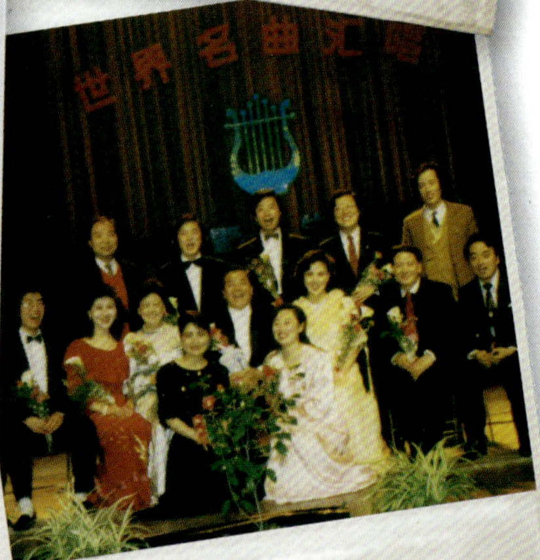

他演唱的《萨尔瓦托·罗萨》非常精彩，我感到惊奇，演唱得无懈可击。他的哼鸣特别好要向他学习。

——意大利声乐大师基诺·贝基。

温可铮的演唱在任何苏联"人民演员"面前绝不逊色。

——前苏联著名音乐家穆拉杰。

他的演唱是严谨的贝耳·康托（Bel Canto）传统是令人惊叹不已的，在西方也是稀有的男低音歌唱家。

——国际著名乐评家，比利时伊丽莎白皇太后。

温可铮不止在演唱歌剧方面有杰出的才华，而且在演唱德国艺术歌曲、俄罗斯浪漫曲及喜剧方面亦同样有特殊的表现。

——保加利亚索非亚音乐学院院长契尔金教授。

来自中国的年逾七十的世界著名男低音温可铮意以美妙神奇的嗓音为度，使听众为之动容而震撼。

——美国纽约时报1999年2月。

在中国歌曲方面，他的许多经典式的演唱在当今乐坛已无人能出其左右。

——美国纽约联合国音乐评论家陶瑜。

唱曲曲的艺术之路

——访著名男低音歌唱家温可铮 文西

他是一个世界级的歌唱艺术家，有几首歌到现在我还没有听到过比他唱的更好的。
——中国声乐大师沈湘教授。

"半世纪教学，桃李天下——甲子演唱誉满全球"
——世界著名科学家诺贝尔奖获得者杨振宁。
——世界著名科学家诺贝尔奖提名者吴瑞。

"令人惊叹的曲目，令人惊叹的演唱，令在场的五分之二的美国以纽约界知名人士惊叹叫绝"。
——1984年纽约圣约翰大教堂举办《为了和平》个人独唱音乐会，《纽约时报撰文》。

音乐会后一位美籍朋友对我说"没有想到你们有这样了不起的歌唱家，太精彩了，若不是我在纽约时报看见了消息，几乎错过来听的消息。……"

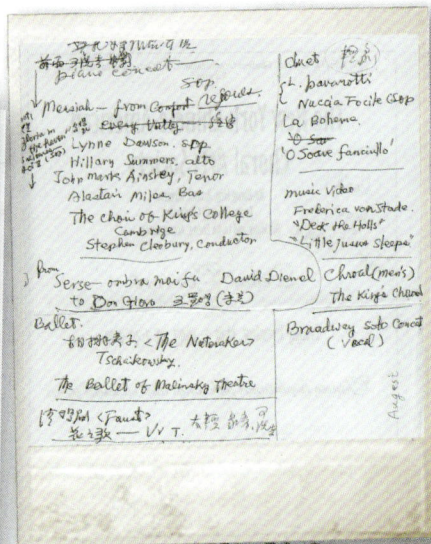

温可铮教授与爱子王述教授

前　言

91年5月1日、2日，时年62周岁的温可铮教授，应邀参加了北京音乐厅主办的"纪念莫扎特逝世200周年的十大男中，低音独唱音乐会"后，当年与第二年两赴新加坡演出个人独唱会，并举办大师班讲学。92年再次接受美国康奈尔大学音乐系的邀请，以该同学者和讲学教授的身份授足美。有机会在美国几个城市的七、八所大学进行讲学、演讲及学术交流。与同行们切磋技艺，以后陆续接受邀请在很多城市举办个人独唱会、"联合国思邯音乐厅"等进行了多次较为成功的个人独唱会，"林肯艺术中心音乐文化交流的"大使"，一面把中国优秀的声乐作品介绍到国际舞台引，传播中华文化。一方面把世界上科学的先进的，对中国有用的好的东西学回来授给后年一代。洋为中自95年开始回国演出后，从96年至今每年都有机会在北京举办演唱。为中记得96年在北京音乐厅应邀参加演唱会，中国新闻社的刊物《侨报》发表了专题目是跨世纪的歌唱家-迈访温可铮教授》是的，温教授的理想之一，就是跨世纪歌唱。华文化在世界上占有一席之地，为此加倍努力争取实现。对方方面加入数应接。不管年增长，他功力不减。"话"性长增，信心与笑力十足。个有机会在"北京音乐厅"举办这场跨世纪跨越2000年的温教授的首场个人独唱会，是澳门回归。十届年跨世纪的时刻，能为祖国争得荣誉的演出，尤其是在祖国50周庆50周年演唱60周的庆贺的日子。温教授出生在伟大祖国的首都北京，北京语言在歌唱事业上起到了重要作用。在这个有着悠久历史文化传统的政治经济、文化中心，周歌声回报父老乡亲。看到祖国繁荣昌盛，心情激动不已，他怀着对祖国母亲的一

温可铮的曲目量之大，范围之广，水平之高，演出场次之多，在国际上也是少见的。……我认为温可铮是世界第一流的声乐大师，是中国人的骄傲。我敬佩他在声乐艺术上的杰出成就，敬佩他坚忍不拔忠于艺术的意志，更敬佩他光明磊落的为人。

——1989年9月14日，摘自《当代声乐大师温可铮》。中国著名小提琴家，前上海音乐学院副院长谭抒真教授撰文。

好的男低音，世界不多，苏俄有夏里亚平，美国有个罗伯逊，意大利有丁西艾皮，保加利亚有个赫里斯托夫，中国有个温可铮在国际乐坛上，温可铮被誉为当代的夏里亚平，这是中人的骄傲。

——香港著名音乐评论家史君良。

88年《艺术与时代》发表李江的文章《走向世界的中国声乐艺术大师——温可铮教授》写道"温可铮在日本的演出盛况，掌声长达十几分钟，每一档节目演出都有几十名听众自发送鲜花，台上的鲜花盖满钢琴台面。"

"五十年来，没有亲耳听到这样出色的男低音，当年夏里亚平访日独唱音乐会也听了，与之相比，也许温先生更为出色。"

——东京艺术大学声乐系主任须贺靖和教授。

"太成功了，演出真正为中国人民中华民族争得了荣誉。"

——在联合国总部马绍尔礼堂温可铮为王洛宾作品演唱会上演唱后，中国驻美大使李肇星说。

"温教授在音乐界素有"一代宗师"、"国宝"、"低音歌王"之称"，此次爱乐者有幸接触亲耳聆听温教授雄厚深沉的美声，让红尘粉扰暂时退位，歌者、听者一起在音乐得领域遨游，……在音符的飘扬里获得最大满足。

——台湾行政院文化建设委员会主任钢琴家陈郁秀。

"中国歌唱家温可铮表演的每一个节目都贯穿着生活气息。他能够把室内乐和歌剧风格上每一个区别都敏锐的表现出来。这位青年歌唱家出色的用俄语、意大利语和德语歌唱，完全把作品的活力和气息保存下来了"。

——著名苏联声乐权威巴尔索娃（V.Barsova）撰文。

"夏里亚平（世界男低音歌王）再现""训练有素的意大利美声唱法""显示了世界第一流歌唱家的威力"。

——见《德岛新闻》。

"男低音温可铮教授演唱的舒伯特、莫索尔斯基的歌曲，音质好、艺术性高、表现得恰到好处、确实是令人惊叹不已的，了不起的演唱"。

——日本艺术院士、国际音乐评委园田高弘教授撰文。

"……毫无疑问，温可铮教授是大师级的歌唱家"。

"中国有这么一位歌唱大师可喜、可贵……"

——香港《音响资料杂志和《镜报》月刊撰文。

温可铮所作的论文

《从外国声乐作品中探讨男低音、中音的音域及性能》

《我怎样演唱杨白劳》

《谈莫扎特的几首咏叹调》

《吉利与贝尔康拓》

《女中音的训练》

Wen's narrative songs are best

Music

VOCAL RECITAL:
WEN KEZHENG
Singapore Conference Hall
Last Friday

Philip Lool

WEN KEZHENG seems to function best as a singer when his acting skills are also brought into play, and he wisely included in his programme a good many songs of a narrative nature that called for histrionics to a greater or lesser degree.

Wen was not in the least in his element singing pieces of a lyrical nature

dramatic gesture in *Tod und das Maedchen* (Death and the Maiden) was quite well-exploited.

Singing with a well-controlled *accelerando* and an increasingly breathy articulation, he effectively portrayed the growing fear of the maiden, sharply delineating her character from that of Death, again nicely realised, with a firm, plodding tempo and a much better-controlled *vibrato*.

Der Erlkoenig (The Erl King) was less successful. Wen just did not have a sufficiently large range of tone colour and expressive nuances at his command to realise the four characters in the dramatic narrative.

The most successful items on the programme were

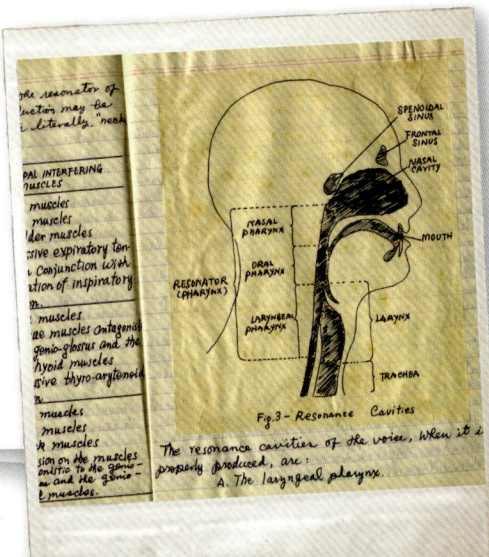

082

温可铮艺术教学生涯大事记

● **1929年2月17日**

生于北京

● **1935-1941年**

就读于北京绒线胡同小学

● **1936年（7岁时）**

在京剧《法门寺》中一人反串三个角色，连唱带表演

● **1938年（9岁时）**

任华北广播儿童合唱团独唱演员，正式登台独唱演出，同时期开始师从表叔秦仲习画。

● **1939年（10岁时）**

参加华北地区成人声乐大赛，以一曲意大利歌曲《爱情的喜悦》荣获有"音乐神童"之称"天才音乐儿童奖"第一名金奖

● **1941-1946年**

就读于北京育英中学
就读期间多次荣获北京市级多类别和中学生歌唱比赛第一名

● **1946-1950年**

就读于南京国立音乐学院声乐系师从俄籍苏石林教授，一学就十年之久。

● **1950年**

担任南京鼓楼礼拜堂唱诗班指挥及独唱
曾指挥及独唱亨德尔《弥赛亚》

● **1950年11月24日**

在京陵女子大学大礼堂，举办为皖北灾民募捐寒衣音乐会，李加禄钢琴独奏，温可铮男低音独唱，钢琴伴奏方仁慧。

● **1950-1952年**

执教于南京金陵女子大学音乐讲师
兼职南京军事学院声乐系教师
兼职南京神学院声乐教师

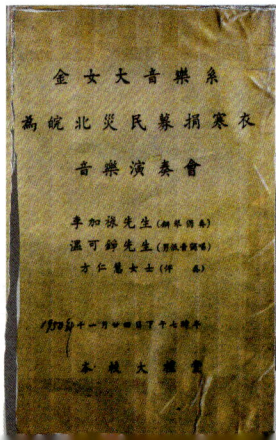

1952-1992年

任上海音乐学院讲师、副教授、教授、声乐系主任和硕士生研究生导师等职。享受国务院"政府特殊津贴"，"九三学社"成员，上海市第六、七届上海市政协委员和文化委员会委员，中国音协理事，中国音协表演艺术会理事。

1950年

应文化部之邀于北京文化部礼堂，与钢琴家李嘉禄教授合作举办个人第一场音乐会，此乃解放后中国音乐界首次个人独唱、独奏音乐会。

1951年9月1日

在天津亚洲电影院举办捐献飞机大炮坦克音乐会，钢琴独奏李佳禄，男低音独唱温可铮，钢琴伴奏李佳禄。

1953年

结合教学创作自己作词作曲男低音独唱声乐套曲《小三的故事》等艺术歌曲及改编民歌的民歌曲目。1957年，《小三的故事》由莫斯科国家唱片公司录音出版。

1954年1月1日

和王述老师结婚

1956年

苏石林回国任莫斯科音乐学院声乐系教授，美琪大剧院告别音乐会温可铮独唱

1956年

师从保加利亚声乐专家契尔金教授学习两年

1956年

代表上海声乐家参加全国首届音乐周演唱，被大会选为优秀代表进入中南海国务院演唱，同时，被大会列入全国著名歌唱家行列。

084

● **1957年**

参加中国文化部举办全国青年歌唱比赛（专业组），获得第一名。

● **1957年**

代表中国青年音乐家赴苏联莫斯科，参加国际青年歌唱家歌唱比赛，获银质奖，同时苏联国家唱片公司录制温可铮个人演唱专辑。

● **1962年**

参加第一届哈尔滨之夏温可铮独唱音乐会于友谊宫，钢琴伴奏王述。

● **1962年**

参加北京全国第一届独唱独奏调演，因演唱出类拔萃，被周恩来总理点名去中南海国务院演唱并留影。接着被陈毅总理点名邀请去人民大会堂为各国大使、外国专家的招待会上演唱。

● **文革以前，**

几乎最隆重的国际交往，包括各国的政府首脑，著名音乐文化界人士等赴沪的音乐晚会，均由温可铮参加独唱节目约数十场。其中包括：德国总理、斯里兰卡总理、越南国家主席胡志明、比利时皇太后伊丽莎白等。

● **1966年-1976年**

无产阶级文化大革命。
文化大革命以后
应邀为《苦恼人的笑》、《攻关》、《革命军中马前卒》、《大渡河》等多部影片中演唱主题歌。

● **1977年1月**

为庆祝华国锋同志任中共中央主席，中央军委主席，热烈庆祝粉碎"四人帮"篡党夺权阴谋的伟大胜利，于上海音乐厅演出。

● **1977年5月**

为庆祝"五·一"国际劳动节为工农兵演出音乐会在上海音乐学院礼堂演出。

085

1978年4月
于上海音乐学院礼堂举办温可铮（内部交流观摩）温可铮独唱音乐会，钢琴伴奏王述。

1978年5月
于上海音乐学院礼堂，举办温可铮独唱音乐会，钢琴伴奏鲍贤珍。

1978年9月
于上海音乐厅举办温可铮独唱音乐会，钢琴伴奏王述。

1978年
上海文化广场冼星海、聂耳音乐会，独唱《热血》、《码头工人歌》。

1978年10月
在南京艺术学院音乐厅举办独唱音乐会，钢琴伴奏王述。

1979年1月
于北京中央音乐学院大礼堂，举办个人独唱音乐会，钢琴伴奏王述。

1979年8月
共85首歌，于北京首都剧场、政协礼堂等举办四场独唱音乐会。由中国煤矿文工团主办，钢琴伴奏王述。

1979年11月15日
中共中央统一接见庆祝四次文代会闭幕诗歌朗诵会诗人、演员，全体合影留念。

1979年11月16日
温可铮应邀参加第四届中国文学艺术工作者代表大会并作为出席代表，受到党和国家领导人接见合影留念。

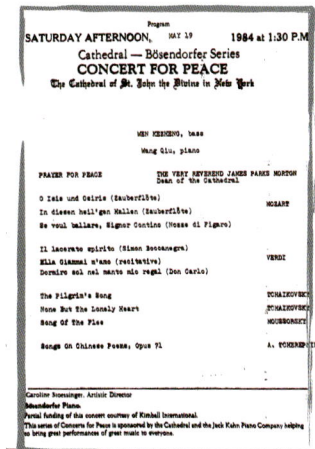

1981年6月

以上海音乐家代表团团长职务，首次带领声乐家饶余鉴、刘若俄、靳小才、姚志军赴日本西部（大阪、京都等）六个城市举行巡回演唱会，钢琴伴奏姚志军。

1981年8月

在延边朝鲜族自治州举办独唱音乐会，钢琴伴奏王述。

1981年8月

在青岛市工人文化宫举办独唱音乐会及讲学，接着去山东淄博人民剧场淄博青年剧院及下工厂为工人慰问演出。

1981年

香港万利唱片公司出版发行温可铮莫扎特作品专辑。

1982年

参加第十届哈尔滨之夏"温可铮独唱音乐会"，钢琴伴奏王述。

1982年8月9日

加入上海市九三学社。

1982年11月

在昆明举办"中国艺术歌曲专场"独唱音乐会，钢琴伴奏王述。

1982年11月

在思茅及西双版纳傣族自治区举办两场独唱音乐会，钢琴伴奏王述。

1982年

参加武汉琴台音乐周举办独唱音乐会，钢琴伴奏王述。

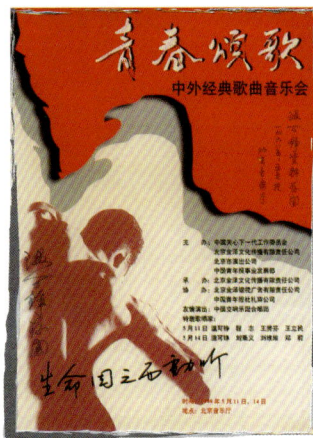

● 1982年

在上海音乐厅举办"外国歌剧咏叹调专场"独唱音乐会，钢琴伴奏王述。

● 1982年

武汉琴台音乐周独唱音乐会，钢琴伴奏王述。

● 1983年8月20日

由中国音乐家协会表演艺术委员会，中央人民广播电台主办，在北京中央人民广播电台小礼堂温可铮独唱音乐会中国声乐作品专场，钢琴伴奏王述。

● 1984年2月

应美国康奈尔（Cornell University）音乐系之邀，首次和王述一起赴美讲学及举办大师班，同时在康奈尔大学Barnes Hall举办两场不同曲目的独唱音乐会，钢琴伴奏王述。并做了六个专题讲座，分别是：《中国音乐发展简史》、《中国民歌及艺术歌曲》、《意大利美声唱法与唱中国歌曲吐字的结合》、《敦煌与唐代音乐》、《声乐发声法杂谈》。

● 1984年2月

为纪念中美通商200周年而举行个人独唱音乐会，于美国纽约历史协会（New York Historical Society），钢琴伴奏王述。

● 1984年2月

由美国钢琴家李献敏女士特邀温可铮成为世界著名作曲家齐尔品艺术学会会员。

● 1984年3月

应邀赴新泽西州普林斯顿大学，举办温可铮教授与在美部分学生熊瑛、雷锯源、张如晖的声乐演唱会，钢琴伴奏王述、谢蕊。

● **1984年4月20日**

应邀赴阿里佐那大学(Arizona University)音乐系举办个人独唱音乐会，钢琴伴奏范亚美。

● **1984年4月**

应邀曼纳斯音乐学院演唱介绍俄罗斯作品及中国民歌，钢琴伴奏王述。

● **1984年5月19日**

应邀在纽约圣约翰大教堂（St.John the divri NY USA）题为和平音乐会（The Concert For Peace）而举办个人独唱音乐会，钢琴伴奏王述。谭抒真院长参加此场音乐会并特此撰文。

● **1984年6月**

应纽约大学之邀，做了两次题为《俄罗斯声乐作品介绍报告会及示范演唱》。

● **1984年6月**

与美国纽约声乐教师协会主席拉万教授，与上届声乐教师协会主席莱特纳教授及当代美国著名音乐专家富尔教授、勃朗教授、弗洛教授建立了友谊并多次探讨有关声乐方面的问题。

● **1984年7月**

从美国回国。

● **1985年5月**

由中国人民对外友好协会、中苏友好协会、中国音乐家协会、中央乐团主办纪念伟大作曲家柴科夫斯基诞生145周年音乐会担任独唱，指挥韩中杰。

● **1985年6月21日**

中国文化部艺术事业管理局聘请温可铮为文化部、中国音乐家协会联合主办的"聂耳、冼星海声乐作品演唱比赛"的评委，该比赛订于1985年8月4号到21号在黑龙江哈尔滨举行。

1986年3月

在上海电视台录制俄罗斯浪漫曲十首的《伏尔加河畔的歌》电视录像演唱专辑，钢琴伴奏王述，大提琴助奏吴和坤。

1986年7月22日

中央乐团星期音乐会与北京音乐厅特邀温可铮举办个人独唱音乐会，钢琴伴奏王述，大提琴助奏沈和群。

1986年10月17日

上海音乐学院中国音乐家协会上海分会主办于上海音乐学院礼堂温可铮独唱音乐会，钢琴伴奏王述，大提琴助奏吴和坤。

1986年10月31日

应邀赴日本东京文化会馆音乐厅举办温可铮独唱音乐会，同时应明仁天皇（当时为皇太子）夫妇之邀举办宫廷独唱会，钢琴伴奏沼田一行。

1986年12月29日

荣获1984年-1985年度上海文学艺术奖、音乐表演艺术奖，由上海市文学艺术界联合会颁奖。

1987年

应上海交响乐团之邀在上海音乐厅担任贝多芬《第九交响乐》中的男低音独唱，指挥曹鹏。

1987年

应关西交响乐队之邀赴日本大阪交响音乐厅担任演唱贝多芬《第九交响乐》中的男低音独唱部分。

1987年

香港圣乐团来沪，在上海音乐厅演唱亨德尔《弥赛亚》，邀请温可铮担任男低音独唱，女高音独唱江桦，指挥黄永熙。

090

1988年

列宁格勒政府代表团为和上海市结为友好城市在云峰剧场由
上海合唱团演唱曹鹏指挥，特邀温可铮独唱《跳蚤之歌》、
《森林祝福你》。

1988年2月

美国纽约电台立体声频道音乐总编舍尔曼先生介绍播放温可铮演
唱歌曲及中国民歌，并致信表示由衷地感谢。

1988年2月13、14日

上海交响乐团纪念瓦格纳逝世105周年，特邀温可铮演唱《噢，我
迷人的晚星》选自歌剧《唐豪赛》，《我的主，我呼唤你》选自
歌剧《罗恩格林》，女高音系温可铮学生朴春燕，指挥侯润宇。

1988年2月

带学生联合举办音乐会，于上海音乐厅、上海广播电台、上海戏
剧学院、上海师大礼堂，钢琴伴奏王述。

1988年4月

担任中国人民政治协商会议上海市第六届、第七届委员会委员。

1988年5月6日

中国音乐家携会上海分会主办，演于上海音乐厅，温可铮协学生
俞子正、陈惠民独唱音乐会。

1988年7月

带学生赴深圳、珠海、中山、广州、厦门、宁波等城市举办不同
形式的师生音乐会。

● **1989年3-4月**

应邀赴香港中文大学讲学、办大师班，聘为香港中文大学客座教授。

应香港市政总署之邀，在香港大会堂举办个人独唱会，钢琴伴奏王述。

● **1989年**

上海文出版社出版了《当代声乐大师温可铮演唱中国艺术歌曲与意大利歌剧咏叹调精选集》录音带两盘，指挥侯润宇。

● **1989年**

在北京录制《俄罗斯浪漫曲》共29首，钢琴伴奏王述。

● **1990年**

在厦门鼓浪屿音乐厅举办温可恒独唱音乐会。

● **1990年**

在上海复旦大学举办温可铮独唱音乐会。

● **1990年3月19日**

无锡电台文艺部、无锡市工人文化宫主办，世界名曲汇唱，温可铮教授协学生音乐会，钢琴伴奏王述、温铮。

● **1990年4月**

在上海戏剧学院礼堂温可铮、俞子正教授与日本黎明女子合唱团同台演出。

● **1990年6月**

由上海对外文协、上海音协、上海音乐学院联合主办，为庆祝温可铮教授演唱50年，教学40年的音乐会，在上海音乐厅，会上节目均由温可铮师生担任演唱，指挥曹鹏、林友声。

● **1990年8月**

上海市高等学校教师职务评审委员会聘温可铮为音乐学科评审组成员。

1990年8月25日

上海声乐艺术爱好者协会主办纪念柴科夫斯基诞辰50周年音乐会
温可铮独唱，钢琴伴奏王述。

1990年9月

代表中国音乐家参加第四届国际音乐节（澳门），首次演唱新作
品声乐套曲《人生》（包括14首男低音主唱与交响乐队合作），
指挥袁方。

1990年9月

由中国音乐家协会江苏分会、南京师范大学音乐系、南京艺术学
院音乐系、江苏省文化厅《剧影月报》社主办温可铮独唱音乐会，
在南艺礼堂，钢琴伴奏王述。

1990年12月1日

上海音乐家协会、黄浦区图书馆、东岸画院举办温可铮声乐、书画、
教学艺术沙龙。

1990年12月5日

上海音乐学院颁发给温可铮荣誉证书，为音乐教育事业辛勤奋斗
几十年，为培养音乐人才和发展音乐教育事业做出了积极、可贵
的贡献，以祝贺致敬。

1990年2月15日

中国音乐家协会上海分会主办，在上海商城剧院，由室内合
唱团圣诞音乐会演唱亨德尔《弥赛亚》，特邀温可铮担任男
低音独唱，指挥马革顺，钢琴伴奏汤元龙。

1991年2月

由苏州职工文化联合会，苏州四达广播电视配件厂联合主办，在苏
州开明大戏院举办温可铮教授暨学生中外名曲汇唱音乐会。

1991年3月15日

新加坡佳音合唱团成立三十周年团庆特为长老会乐龄园筹募建筑基金，在新加坡大会堂主办温可铮独唱音乐会，钢琴伴奏王逑。同时大会堂楼下举办温可铮个人画展，新加坡文化部长何家良先生题词"多才多艺，不可多得"。

1991年4月

上海市精神文明建设活动委员会、中共上海市委宣传部、上海市妇女联合会，颁发温可铮、王逑家庭在社会主义精神文明建设中成绩显著，被光荣评为1990年度上海市"五好"家庭。

1991年5月

参加上海举办莫扎特逝世200周年音乐会演唱于上海锦江饭店小礼堂，并任大会艺术顾问。

1991年5月

参加北京举办纪念莫扎特逝世200周年音乐会，演唱于北京音乐厅。

1992年7月11日

应上海中国画院院长程十发先生邀请，在上海画院大厅举办个人画展，程院长为画展作序。

1992年8月

再赴新加坡大会堂举办个人独唱会，钢琴伴奏张少珊。同时举行个人画展。

1992年9月27日

应美国康奈尔大学之邀再次赴美讲学，举办声乐大师班(Vocal Master Class)并在巴奈尔礼堂(Barner Hall)举办个人独唱音乐会，钢琴伴奏王逑。

1992年10月30日

在巴奈尔礼堂(Barner Hall)再次举办一场曲目不同的个人独唱音乐会，钢琴伴奏王逑。

094

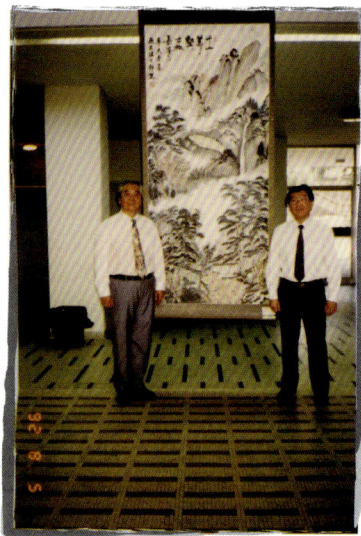

● **1992年11月10日**

应邀在美国纽约联合国总部大厦哈马绍演奏厅(Daj Hamarskjold Hall)举办个人独唱会，钢琴伴奏王述。礼堂外长廊举办画展，同时接受联合国科教文组织颁发的杰出表演艺术家奖。

● **1993年4月**

应邀在美国卡内基音乐厅举办个人独唱音乐会，钢琴伴奏王述。

● **1993年9月26日**

应美国底特律市(Detroit)举办个人独唱会及声乐艺术大师班，美国WQRS广播电台专访温可铮教授，并在近日内广播8次介绍他的演唱及对他的认识。

● **1993年12月**

应美国新泽西州杜鲁大学音乐系之邀，为该系举办学术性《俄罗斯声乐艺术作品》专题个人演唱会，钢琴伴奏王述。

● **1994年11月11日**

在卡纳基音乐大厅(Carnegie Hall)担任清唱剧《长恨歌》中的唐明皇——男低音独唱,担任杨贵妃女高音独唱邓桂平，指挥黄永熙，钢琴伴奏林霭玲。

● **1994年12月**

应纽约威郡圣乐团之邀担任亨德尔《弥赛亚》中的男低音独唱，管风琴伴奏Robert Chase。

● **1995年7月**

应邀赴法国、奥地利进行访谈交流考察音乐活动。

● **1995年10月**

应北京音乐厅之邀赴北京音乐厅演唱，钢琴伴奏王述。

● **1995年**

应福建省演出公司邀请温可铮协学生孙珊珊举办独唱音乐会，王洛宾也参加演唱，钢琴伴奏王述、温铮。

● **1996年2月**

应美国康奈尔大学之邀在巴奈尔礼堂举行个人独唱音乐会，钢琴伴奏王述。

● **1996年6月2日**

中国音乐家协会主席李焕之、副主席吴祖强、理事徐锡宜聘请温可铮为中国音乐家协会爱乐男声合唱团艺术顾问。

● **1996年6月**

应邀担任大型兹曼音乐会艺术总顾问。

● **1996年8月**

应香港市政总署之邀与香港国乐团合作，演唱于香港文化中心音乐厅，其中《兵车行》系修改后作品首演，指挥陈能济，艺术总监石信之。

● **1996年10月**

与王述教授共同主持《乐声飘逸》声乐大会于纽约，颇受音乐界瞩目。

● **1997年4月19日**

应长岛华人合唱团(Long Island Chinese Chorus)之邀，于纽约莫尔金音乐听(Merkin Concert Hall)担任独唱，钢琴伴奏王述。

● **1997年5月7日**

由温可铮所主持的纽约华人爱乐合唱团 (Chinese American Chorus Society of New York) 在纽约首场演唱于(John Dewey High School Auditorium)，钢琴伴奏王述、郑海鹭。

温可铮 独唱会
Wen Ke Zheng, Bass
Vocal Recital
5-8-92, 7-8-92

中国低音歌王温可铮独唱会
Wen Ke-Zheng, Bass Vocal Recital

新加坡大会堂
Singapore Conference Hall

5/8/92	8 pm	中国艺术歌曲与民歌演唱专场	Chinese Art Songs & Folksongs
7/8/92	8 pm	世界艺术歌曲与民歌演唱专场	World Art Songs & Folksongs

$20 $30 $50

售票处：维多利亚剧院，先得坊，许家富
Tickets are available at Central Booking Office, Centrepoint & Tampa.
For inquiry, please call 2219456 or 2210802

● **1997年8月16日**

应北京国际文化中心之邀，庆贺声乐大师温可铮教授舞台艺术生涯58周年，声乐教育教学48周年，于北京音乐厅举办题为《著名旅美声乐大师97豪情演唱会》，钢琴伴奏王述。

096

● **1997年9月22日、27日、10月3日**

与纽约曼哈顿音乐学院(The Manhatten School Music)与该交响乐队（Symphony Orchestra）合作录音，指挥由Prof.Glen Cortese担任，曲目共约70分钟。

● **1998年3月14日**

由温可铮担任艺术总监的纽约华人爱乐合唱团于纽约林肯中心莫尔金音乐厅联合举办的春季音乐会上，温可铮教授以古稀之年演唱作曲家莫索尔斯基以高难度著称的《鲍里斯·古都诺夫》（Boris Goudunov），歌剧中告别及死亡场面，指挥张碧珊，钢琴伴奏王述、阎路得。

● **1998年5月11-14日**

应邀参加北京音乐厅题为《青春颂歌》音乐会，两场分别与北京歌唱家们程志、刘维维、王秀芬等，及中国交响乐团合唱团同台演出。

● **1998年6月5日**

于广东深圳大剧院演唱罗西尼作曲的《谣言》(La Calunia)等曲，钢琴伴奏王述。

● **1998年6月7-8日**

应香港神州艺术节之邀随北京男声爱乐合唱团赴港演唱于香港文化中心音乐厅，钢琴伴奏王述。

● **1998年7月**

中国唱片总公司出版《温可铮演唱珍藏版CD》包括中外经典名曲16首。

● **1998年8月25-28日**

应上海东方电视台之邀，为温可铮艺术人生做专题艺术片播放。

● **1998年10月4日**

应美国东西方音乐艺术团之邀，于芝加哥西郊的North Centrel College音乐厅参加该团成立5周年纪念会上演唱《魔鬼小夜曲》、《伏尔加船夫曲》及杨逢时新作《童年》等曲，钢琴伴奏王述。

● **1999年2月13日**

应黄河艺术团之邀，赴波士顿John Hancock Hall首次在该市演唱，钢琴伴奏王述。

● **1999年2月20日**

应纽约威郡华美协会之邀，赴威郡的"白平源市中心"演唱《教我如何不想他》及《老人河》等曲，钢琴伴奏王述，后纽约时报为此撰文。

● **1999年5月**

在中国上海音乐厅参加著名声乐家访沪音乐会演唱，钢琴伴奏王述。

● **1999年9月19日**

纽约华人爱乐合唱团主办的金秋音乐欣赏会，温可铮教授独唱于纽约卡内基音乐厅，共演唱19首中外世界名曲，同台还有爱乐合唱团团友，钢琴伴奏王述。

● **1999年10月5日**

应邀参加我的祖国音乐盛会，于北京音乐厅——为庆祝50周年国庆而举办的音乐会，会上演唱曲目均为新中国50年来优秀声乐作品，自选节目《在银色的月光下》，钢琴伴奏王述、钱致文。

● **1999年11月**

应邀赴上海音乐学院新礼堂举办声乐讲座。

● **1999年12月11日**

于苏州市会议中心举办声乐讲座。

● **2000年1月1日**

情系祖国共瞻2000年，海内外华人歌唱家独唱会于北京中山公园音乐堂，由莫华伦、梁宁、汪燕燕、温可铮等独唱，钢琴伴奏王述、钱致文。

2000年1月22日

为祝贺温可铮演唱62年教学50年而举办温可铮独唱音乐会，钢琴伴奏王述。

2000年2月5日

应邀参加上海市委春节团拜会，并于晚会上演唱，钢琴伴奏王述。

2000年2月20号

为2000年跨越《上海大剧院——悉尼歌剧院，经典盛况卫星双向传送》全球127个国家转播，由中、澳、意等国著名歌唱家同台演唱。

2000年3月7日

《巨龙抬头 民族腾飞》大型盛典于长城烽火台温可铮独唱《龙的传人》主题歌。

2000年4月19日

担任沈湘国际声乐比赛组委会评委。

2000年5月

应上海欧美同学会之邀，在上海大剧院担任独唱，钢琴伴奏王述。

2000年6月8日

赴南京师范大学讲学，并接受该校聘书，任客座教授

2000年6月24日

在美国纽约列弗拉克音乐厅(Lefrak Concert Hall)举办温可铮教授师生音乐会，钢琴伴奏王述。

2000年11月25日

应第二届中国上海国际艺术节特邀举办温可铮独唱音乐会于上海大剧院，钢琴伴奏王述，香港电视台亚洲焦点(Focus Asia)栏目专程录制音乐会，题为《大师的声音》（Virtuoso Voice）。

● **2000年12月30日**

于无锡影视音乐厅应邀举办《世纪之声——声乐大师温可铮教授独唱音乐会》，钢琴伴奏王述。

● **2001年1月**

应邀赴无锡、苏州两市讲学。

● **2001年2月**

应江苏省委邀请，在南京参加《世纪回响大型音乐晚会演唱》。

● **2001年3月**

上海音乐学院声乐系，聘请原声乐系主任、著名歌唱家温可铮教授担任该系大师班教学工作。

● **2001年3月30日**

与北京中山公园音乐堂《春的致意——声乐艺术大师温可铮师生音乐会》任下半场演唱，钢琴伴奏王述。

● **2001年4月8-12日**

应邀赴日本东京，参加学生《崔宗顺、崔宗宝独唱会》任声乐指导，并访问东京艺术大学座谈交流。

● **2001年4月25日**

在上海参加《上海国际服装艺术节》的开幕式演唱《夕阳红》等

● **2001年5月**

为上海市欧美同学会演唱，钢琴伴奏王述。

100

2001年9月

再次接受上海音乐学院聘书，在声乐系继续授课。

2001年10月3-4日

应邀在上海大剧院参加《中国著名歌唱家独唱音乐会演唱》，V钢琴伴奏王述。

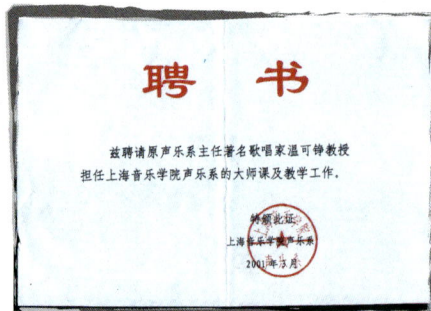

2001年10月8日

接受上海同济大学聘书任兼职教授

2001年11月

协同11位学生在同济大学礼堂，举办专场师生音乐会，钢琴伴奏王述、马思红、温铮。

2001年11月19日

应邀赴中国台湾台北市新舞台剧院，举办《当代中国声乐大师温可铮教授独唱会》，钢琴伴奏王述，并由台湾文化建设委员会、著名钢琴家陈郁秀作序。音乐会后并主持声乐大师班讲座。

2001年12月23日

应中央音乐学院天天艺术邀请，录制声乐教学带出版发行。

2002年1月

赴纽约教学在卡内基音乐厅举办温可铮教授师生音乐会，钢琴伴奏王述。

2002年2月22日

应中共中央办公厅、中宣部、文化部的邀请，于北京人民大会堂，参加国家最高规格的中共中央政治局全体出席及各界精英代表出席的《元宵节演唱会》上演唱，并和江泽民总书记共同演唱《当我们年轻时》。（When we were young one day），钢琴伴奏黄小曼。

2002年5月17日

应邀参加同济大学95周年校庆——举办著名音乐家温可铮教授师生音乐会，钢琴伴奏王述、温铮、马思红。

2002年5月29日

当代中国声乐大师温可铮北京"世纪放歌"演唱会，钢琴伴奏王述。

2002年6月26日

应邀在北京中山公园音乐堂举办《当代中国声乐艺术大师温可铮独唱音乐会》李岚清、陈至立、赵南起、孙家正、吴祖强、傅庚辰、陈晓光、乔羽、王昆等出席，钢琴伴奏王述。

2002年6月

中国唱片总公司出版《当代中国声乐艺术大师——温可铮演唱专辑》"中国艺术歌曲及民歌"（CD），钢琴伴奏王述。

2002年7月1-2日

连续在中央人民广播电台《世纪之声》栏目接受现场采访直播节目、主持人由电台文艺中心主任编辑朱定清担任。

2002年7月8-10日

应邀在杭州讲学，并接受浙江省文化厅聘书，担任群众声乐大赛及亚洲音乐节中国新人大赛评委。

● **2002年7月18日**

赴美。

● **2002年**

被邀参加美国纽约长岛著名艺术沙龙独唱音乐会，钢琴伴奏王述。

● **2002年7月22日**

在美国纽约举办温可铮师生音乐会，钢琴伴奏王述。

● **2002年9月19日**

应邀参加南京师范大学100周年《世纪华章》大型文艺晚会，演唱《长城永在我心上》、《打起手鼓唱起歌》等。

● **2002年10月25日-11月5日**

应邀到北京参加中央文化部举办的《中国第二届国际声乐比赛》担任评委。

● **2003年1月**

参加上海市欧美同学会新年音乐会（招待外国驻沪领馆外宾专场演唱）组委会专门制作大屏幕专辑，隆重介绍周小燕教授、温可铮教授艺术成绩。

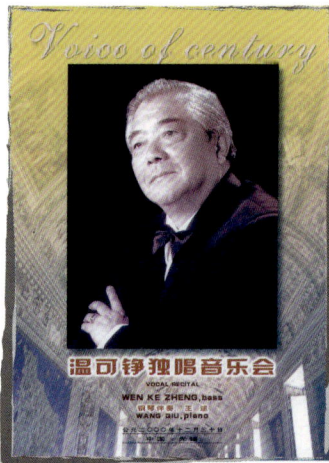

Voice of century

温可铮独唱音乐会

VOCAL RECITAL

WEN KE ZHENG, bass

钢琴伴奏 王述
WANG SHU, piano

● **2003年1月14日**

赴美参加《洛杉矶新年音乐会》演唱，钢琴伴奏王述，之后到墨西哥、夏威夷访问交流，并应邀在夏威夷讲学。

2003年4月25日

在江苏无锡举办《太湖春——温可铮教授师生音乐会》，钢琴伴奏王述、温铮。

2003年6月27日

应国家图书馆音乐厅聘请，温可铮担任该音乐厅艺术顾问，获国家首席声乐艺术家荣誉称号。

2003年7月

接受深圳大剧院聘书担任艺术顾问。

2003年8月3日

《音乐周报》登载题为《温可铮保利放歌》之报道撰文（吴春燕文）。

2003年8月15日

北京晚报文图撰文《声乐大师温可铮保利放歌》报道。

2003年8月24日

应北京保利剧院邀请《声乐大师温可铮与获奖歌唱家新秀音乐会》，人大副委员长傅铁山，政协副主席孙孚凌、教育部副部长吴启迪及首都音乐名家出席，钢琴伴奏王述、高薇清、隆翔。

2003年3月28日

音乐生活报发表整版专访《情系北京城，桃李满天下——著名男低音歌唱家、声乐教育家温可铮教授》（天天艺术专版珏轩文）。

2003年8月

中央电视台《东方之子》主持人李小萌专访后播放。

● 2003年9月3日

《音乐评论》紫茵撰文，题为《大师的路有多远》。

● 2003年9月

赴美纽约长岛举办温可铮师生音乐会，钢琴伴奏王述。

● 2003年10月

应邀浙江省声乐比赛任评委。

● 2003年10月30日

海南省委宣传部、海口市宣传部主办，《庆祝博鳌亚洲论坛2003年会——温可铮教授师生音乐会》，于海口市人民大会堂举行（此音乐会简称"椰城之夜"），钢琴伴奏王述。

● 2003年11月2日

于博鳌第二届亚洲论坛主会场，应邀参加大型国家最高级招待晚会，为各国元首演唱。

● 2003年11月4日

应海南省海南大学之邀，举办大师班讲学，辅导该校音乐系青年教师，并接受该校名誉教授聘书。

2003年11月10日

应邀到南京师范大学音乐学院及扬州大学音乐学院讲学，并接受扬州大学名誉教授聘书。

2003年12月13日

赴安徽省芜湖电视台讲学及演唱，钢琴伴奏王述。

2003年12月24日

赴美国旧金山、洛杉矶访问演出，会见华裔音乐家。

2004年1月3日

应邀参加洛杉矶《莺唱阳春经典声乐名曲音乐会》，同台演唱者有：饶兰、鲁娜、丁平、张艳荣，钢琴伴奏王述、曾立佳。
同时温可铮王述受到当地政府最高的5位郡长接见，并接受其联名五位郡长亲笔签名的《荣誉感谢奖》，感谢高水平的演唱艺术。

2004年2月19日

应邀赴北京参加中国音乐学院新生入学考试。

2004年2月25日

接受音乐生活报记者专访。

2003年3月29日

应邀参加上海音乐学院主办的《作曲家黄自先生百年专场音乐会》，于上海贺绿汀音乐厅演唱黄自声乐作品，受到专家、听众高度评价，并录制唱片，钢琴伴奏王述。

2003年3月底

上海东方电视台专访温可铮并拍摄纪录短片。

2004年3月30日

上海音协专访《他们仍在创造辉煌——访音乐家黄准、温可铮》。

2004年4月2日

应北京中央电视台之邀赴京，录制激情广场演唱，钢琴伴奏王述，并录制辅导学生声乐纪录片及室内的个人演唱。

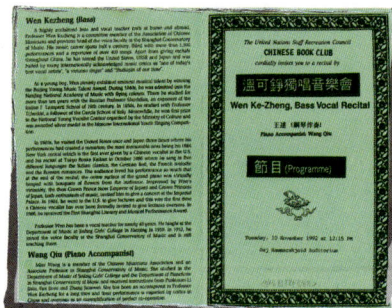

2004年5月31日

由上海音乐学院主办"庆祝温可铮教授75华诞、从艺66周年、声乐教学54周年——当代中国声乐艺术大师温可铮教授师生音乐会"，于贺绿汀音乐厅，钢琴伴奏王述、马思红、林梅，会后受到市领导、院长、书记及音乐界一致赞扬，引起轰动。

2004年6月8日

《郑州日报》专访薛明（著名小提琴家薛伟的父亲）《说说我的幸福事——记恩师温可铮教授》。

2004年6月11日

应邀在浙江宁波音乐厅举办温可铮师生音乐会，钢琴伴奏王述、温铮。

● **2004年7月9日**

上海市欧美同学会留苏分会会长蔡镇钰博士于《城市报道》发表题为《天籁之音》的乐评。

● **2004年7月15日**

由我国文化部中外文化交流中心主办的"欢聚北京国际青少年音乐艺术活动"开幕式于北京人民大会堂，温可铮应邀担任艺术总顾问，出席此开幕式发言并演唱。

● **2004年7月19日**

在中山公园音乐堂参加"中美艺术家师生欢庆音乐会"上演唱，钢琴伴奏王述，美国音乐教师协会主席听后深受感动。

● **2004年7月30日**

《音乐周报》发表音乐评论《军队与男中音》提倡温可铮教授科学演唱技巧。

● **2004年8月11日**

应邀参加在北京国家图书馆音乐厅《中美著名歌唱家及师生专场音乐会》演唱，钢琴伴奏王述、吴龙。

● **2004年8月20日**

《音乐周报》对国图音乐会进行报道，9月1日中央电视台音乐频道对国图音乐会进行实况播出。

● **2004年9月12日**

到北京中国音乐学院报到。

2004年10月9日

参加中国音乐学院建院40周年庆祝活动。

2004年10月23日

在人民大会堂出席首届世界韩商中国交流大会。

2004年10月

《上海滩》杂志总213期刊登《上海音乐厅风雨沧桑——记温可铮在音乐厅的三次演出》。

2004年12月20日

中国音乐学院声歌系主办，在北京金帆音乐厅举办《温可铮独唱音乐会》同台助唱：张美林、朴春燕，钢琴伴奏王述。

2004年12月26日

高等院校科技成果参加审评。

2005年1月6日

应邀参加欢迎小泽征尔的宴会，会见及交流。

2005年2月4-7日

应邀在上海东方艺术中心音乐厅，与上海歌剧院交响乐队合作四天演五场《当代名家经典歌曲重温——新春音乐会》。

● **2005年2月4日**

新民晚报刊登两个整版的《新春新乐会》报道。

● **2005年3月4日**

接受中央民族大学成人教育学院客座教授聘书。

● **2005年3月6日**

上海东方电视台《可凡倾听》等节目录制 "余音绕梁七十载——低音歌王温可铮"的专访短片。

● **2005年4月**

由中国音乐学院研究部安排,为本院研究生开两次声乐大课,并解答声乐疑难问题,后由中央音乐学院天天艺术出版该课实况录像《巧学美声唱法》的DVD。

● **2005年4月**

接到美国中华艾滋病基金会(CHINA AIDS FUND.INC)邀请参加为委员会的荣誉会员,并参加2006年6月18日纽约林肯中心《艾滋病防治音乐会》。

● **2005年5月20日**

中央电视台《音乐人生专访》。

● **2005年5月24日**

赴合肥,应安徽省文化厅、安徽省职业艺术学院、安徽省声乐学会之邀,在安徽省职业艺术学院大礼堂主办《温可铮声乐大师班及讲学》。

110

2005年6月17日

赴杭州担任浙江省电视台主办的青年声乐比赛评委。

2005年9月2-20日

应邀赴法国马赛国际声乐比赛观摩、考察。其间会见马赛国家歌剧艺术家培训中心主任及评委主席杰瑞·福诺，后又访问巴黎音乐学院。

2005年10月1日

接受加拿大多伦多音乐学院客座教授委任书，及第九届加拿大国际声乐比赛（中国赛区）评委。

2005年12月15日

接受法国国家歌剧艺术家职业培训中心的专函邀请，担任选拔中国年轻歌剧艺术家赴法国进修学习的中国总负责人。

2005年12月19日

率领中国音乐学院声歌系学生耿君扬、徐茜、徐彬、李奕峰及厦门大学声乐青年教师郭刚赴广州参加第九届加拿大国际声乐比赛（中国赛区），温教授所教五位学生囊括一、二、三等奖。

2006年1月

获2006年加拿大国际声乐比赛（中国赛区）杰出教师奖。

2006年3月22日

香港《文汇报》刊登《"低音歌王"温可铮下月初献歌深圳观澜湖天籁之声》一文。

2006年3月24日

温可铮声乐艺术中心挂牌典礼暨声乐大师温可铮教授师生音乐会，于北京中央民族大学音乐学院举行教授与10位学生演唱，获得极大成功与好评。

● **2006年4月2日**

深圳观澜湖高尔夫球会主办《天籁之声》温可铮师生音乐会于深圳少年宫剧院，温可铮率7位学生放歌深圳，钢琴伴奏王述。

● **2006年4月3日**

深圳特区刊登《77岁"低音歌王"震撼鹏城》及《声乐大师放歌鹏城》两文。

● **2006年4月4日**

接受新加坡华韵传媒机构所代表的《聘任书》，被聘为2007国际华人歌手大赛评委主席。

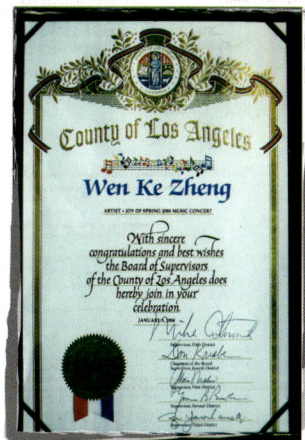

● **2006年10月29日**

温可铮与赵云红副教授受山东艺术学院邀请在艺术学院音乐厅举办独唱音乐会，后温可铮举办大师班讲学。

● **2006年12月3日**

2006年中国"俄罗斯年"温可铮和赵云红在北京音乐厅举办俄罗斯经典专场音乐会，温可铮演唱14首歌，钢琴伴奏王述、E.V.诺姆斯科娃。

● **2007年1月28日**

获中国首届"诚信人生"十大杰出人物奖，文艺界独一无二。

● **2007年3月19日**

心肌梗塞 病重抢救。

● **2007年4月19日**

22点16分，辞世于北京，享年78岁。

感恩

　　王述老师和陈钢教授决定要我来写这本书的时候，离最后的交稿只有二十天时间了；原来是请一位专业作家写的，遗憾的是作家不懂音乐，写温老师的书不懂音乐怎么行呢？可是，对从事表演专业的我来说，二十天的工夫，抄一本书也许还来得及。

　　恩师的事情，学生是决不可以推托的，"滴水之恩，当涌泉相报"的道理我是从小就懂得的。

　　写温老师的书很难，因为他有太多的故事，有太多的辉煌，他的经历、艺术、修养用文字是难以表达完全的，也许只有歌声才能够唱出他生命的精彩与辉煌。今天是9月29日，终于写好了；离老师的追悼会已整整五个月了，老师的歌声似乎还在我的耳边回荡，老师的身影更时常在我的脑海中浮现，字里行间凝聚的是浓浓的感恩心情。

　　我甚至担心书出版后会被许多朋友指责，因为我无论如何也不能把老师写得栩栩如生；无法描述老师的歌声和丰富的内心世界。时间太紧张，又正值开学伊始，手头的事情很多；所以，文章中必然会有不周到甚至错误的地方，希望老师的朋友们、师兄弟姐妹多多原谅。

　　正如我在第一章里写的那样，这不是我一个人的怀念，而是温老师所有学生的怀念，是温老师所有亲人朋友的怀念，也是所有爱听温老师唱歌的人们的怀念。

　　安息吧，老师！每年花儿开的时候，我们都会去看望您，跟您说说我们的开心事和烦恼，去给您唱首歌；我们也会告诉子孙后代，你们父亲或母亲的老师是一位歌唱大师，是一个好人！我们也会把您的照片给他们看，把您的歌放给他们听，让他们看看温爷爷笑容里的沧桑和苦难，听听温爷爷歌声里的欢乐和灿烂，听听温爷爷歌声里像黄河长江一样宽阔的滔滔情感……

俞子正

2007年9月29日

图书在版编目（CIP）数据

生命的咏叹：放歌温可铮 / 俞子正著.—上海：
上海音乐学院出版社，2007.11
（音乐家画卷）
ISBN 978－7－80692－336－8

Ⅰ.生… Ⅱ.俞… Ⅲ.温可铮—生平事迹—世界
Ⅳ．J825.76

中国版本图书馆CIP数据核字（2007）第162051号

丛 书 名：音乐家画卷
策　　划：陈钢
书　　名：生命的咏叹——放歌温可铮
著　　者：俞子正
责任编辑：夏　楠
整体设计：帝王设计机构
出版发行：上海音乐学院出版社
地　　址：上海市汾阳路20号
印　　刷：江苏省通州市印刷总厂有限公司
开　　本：787×1092　　1/16
印　　张：8
版　　次：2007年11月第1版　2007年11月第1次印刷
印　　数：4000册
书　　号：ISBN 978－7－80692－336－8/J.324
定　　价：38.00元